CONTENTS 目次

宇野昌磨（2024年世界選手権）Shoma Uno ©Yazuka Wada
表紙：イリア・マリニン（2024年世界選手権）Cover : Ilia Malinin. ©Yazuka Wada
裏表紙：島田麻央（2024年ユースオリンピック）Back Cover : Mao Shimada. ©Nobuaki Tanaka/Shutterz
前頁：鍵山優真（2024年世界選手権）Previous : Yuma Kagiyama. ©Yazuka Wada

Special Interview

坂本花織
Kaori Sakamoto
3連覇、そして未来へ

女子では56年ぶりとなる世界選手権3連覇という偉業を達成した坂本花織。彼女は、そんな偉大な選手という気負いは一切感じさせず、いまこの瞬間もまっすぐに前を見据えて進歩を続けている。実り多きシーズンを終えたばかりのチャンピオンに聞いた。

練習と試合のルーティンができてきた

—— 改めて、世界選手権3連覇おめでとうございます。

坂本　ありがとうございます。数年前の自分はきっとこういう結果を想像していなかったと思うし、やっているあいだは必死なので、結果が出てから「あ、勝てた」という感じでした。なんだか不思議な感覚ですね。

—— 今回はSP4位から追い上げる試合になりました。SPからフリーにかけては、どんな気持ちで臨んだのでしょうか。

坂本　ちょっと長くなるかもしれないんですけど。

—— もちろん。

坂本　世界選手権に入る前、すごくいい練習が積めていたんです。インフルエンザで体調を崩したわりにはすぐ復帰したし、調子も落ちなかった。会場に着いてからも、ところどころジャンプのミスなどはあれど、自分の感覚的にはすごくいい感じでした。中野先生も、「いけそうやね」みたいな感じで。でも、ショートの日になって、公式練習のときから徐々に緊張していくだろうと思っていたら、全然緊張し

なくって。ずっと気が緩んだままというか、集中していないなという感じがありました。それに、準備をしているあいだに、ちょっとした不吉なことが重なったんです。「なんかやだなあ」という雑念がある状態のままでショートをやったら、まあこうなるよねという演技になってしまいました。いままで緊張しなかった試合が1試合だけあって、でもそれは平昌オリンピックの直後の1ランク下の国際大会だったので、それは理由はわかるんです。でも今回は「なんでこんなに緊張せえへんかったんやろ?」という謎があって、いまだに解明できていない。そこからなんとか切り替えていかないとということで、ショートとフリーの中日には先生もいつもの勢いのある中野先生に戻りましたし、私も神戸で練習していたときみたいに戻りました。

—— フリーはいつも通りでしたか。

坂本　いつも通り、全日本と同じくらい緊張しました。「これなら今日はいける」と思ったのに、しょっぱなでつまずいてしまって。でも次の瞬間には切り替えていけたと思います。

—— 気持ちを切り替えることで元の状態に戻る、つまり普段の姿が最高の状態ということですね。

坂本　そうですね。普段の練習以上のものは試合では出せないので。「これだけやったから大丈夫」と思える練習をつねにやってきて、緊張感も練習のときからきちんと感じて、試合のときにも同じように緊張していれば、「練習通りいける」と

思える。だいぶそれがルーティン化されてきて、そのおかげで練習ノーミス=試合もノーミスみたいな感じになってきました。そういう練習をできるようになってきて、よかったなとすごく思います。

寝たら悪いことは忘れちゃう!

—— 周囲の選手たちにはどんな思いがありましたか。今回、年下の吉田陽菜選手、千葉百音選手とともに代表として試合に赴きましたが。

坂本　あまり年齢差は考えていないんですけど、フリーの第3、第4グループに入っているメンバーは絶対残ってくるだろうなと思っていたメンバーでしたし、誰が上にいくかわからない僅差のなかで、さすが世界選手権だと思いました。自分も少しでもミスをしたら、ショートみたいに順位が下がってしまうのを改めて感じて、危機感がより出てきたというか。みんな構成にほぼ同じ内容が入っているなかで、誰が頭ひとつ抜けるかという勝負。自分の戦い方で行きたいと心に誓いました。

—— そのなかで、勝ちきる強さを見せていただきました。絶対ミスができないという状況のなかで、なぜ実際に遂行できるんでしょうか。

坂本　最近、いろんな人たちからよく聞かれますが、自分でもいままではそういうことを考えてやったことがなくて……。(笑) めちゃくちゃ難しいけど、練習でも早朝とか夜遅くとか、身体が思うように動かない時間帯にこそノーミスの演技ができたら、試合でも自信がつくんだと思います。たとえば緊張で頭が真っ白になっても、最低限ここまではできるということを練習でつねに確認しておく。それが理由のひとつではあると思うのですが、自分ではわからないんですよね。気持ちの面なのかな……。

—— SPでの出遅れから集中をし直すという体験を通して、また新たな発見があったりしましたか。

坂本　あれは自分の生まれ持っての性格のおかげかなと思う部分もあります。悪いことがあっても、寝たら次の日は忘れているんですよ。たまにすごくいいことまで忘れているときもある。朝起きて、普通に生活していて、その物事を目の当たりにしてから「あ、そうだった」と思い出す感じ。ショートのあとも、寝たらいつも通りの朝になっていました。(笑)

2000年4月9日、神戸市生まれ。シスメックス所属。北京オリンピックで銅メダルを獲得し、日本女子として4人目のオリンピックメダル保持者となった。2023年グランプリファイナル初優勝。2024年世界選手権で女子シングル56年ぶり、日本勢では男女通じて初の3連覇を達成。

世界選手権2024　フリーの演技　©Yazuka Wada

©Shoko Matsuhashi

スケーティングの進化

── スケーティングの美しさ、強さがやはり抜きん出ているという印象を改めて受けました。滑りの面でのご自分の進歩については、どんなふうに感じますか。

坂本 昨年の5月にモントリオールのマリ＝フランス（・デュブリュイユ）先生のところに振付に行ったとき、ザック（・ダナヒュー）がスケーティングをしっかり教えてくれました。日本人の選手に多いのが足だけが動いているクロススケーティングで、それは効率的ではないんだよと。もっと身体の上下の動きを使って、グライドを使って加速すると、余分な力を使わずにいままで通りのスピードが出るし、足の疲労度も変わってくる。それを習得したら後半まで余裕をもって滑れるようになるよと教えてもらって。最初は本当に苦戦しました。20年滑り込んできたのがなかなか抜けなくって、それこそ寝たら忘れちゃうし。（笑）でも毎日教えてもらって、クロスばかりずっと練習していました。できる、ちょっとできてる、できなくなった、またできない、みたいな、練習しているのにどんどんできなくなる感覚で、本当に大変だったんですけど、それを意識してやるようになってから、より足に負担なくスピードが出るようになったかなと思います。自分でも、前よりはパワー重視な感じではなくなって、浮いている感じでもないし、前よりはヌルヌルヌルーッと行く感じになったというのかな。

── 最高のスケーティングですね。今回、モントリオールで優勝する姿を見せられたのはよかったですね。

坂本 いやそれは本当によかったです。やっぱりマリ先生に出会えたからこそ、こうしていま振付だけじゃなくて、スケーティングも進歩することができた。シングル選手は得点源のジャンプやスピン、ステップは必死に練習するんですけど、アイスダンサーばかりのなかに飛び込むと、スケーティングを極めた人ばかりなので、自分のスケートの下手さがはっきりわかるんですよ。あまりにもできないことが多い、「自分ってスケートめっちゃ下手なんやな」って気づけた。そこから直していって、それが今この時期に身についてきてよかったなと思います。

── それだけご自分の進歩を実感しているんですね。いま世界でいちばん強い選手なわけですが、本当はこうしたいけど強さを求めるためにこうしている、というようなことはありますか。

坂本 うーん……。振付したてのプログラムはだいぶ踊りの要素が濃く表れているので、そのままシーズン通していきたいんですけど、どうしてもジャンプに意識がいくと、踊っている場合じゃないみたいな感じになっちゃうんですよ。それがめっちゃ悔しくて。ジャンプももちろん全部成功させたいし、もっと全身を遣って踊りたいし、滑りたいし、という気持ちが両方ある。どうしても優先順位の面で踊りの部分を削らざるをえなくなってしまっているのが自分でもモヤッとしているところで。できるのにやらないのはモヤモヤしますよね。（踊りの要素が）薄れていかないよう、シーズンの途中で何度かマリ先生にブラッシュアップしていただくのは本当に必要で、それがあるとないとでは全然違うなと思います。

── 勝ちたいという気持ちと、完成度を高めたいという気持ち、試合の場ではどんなふうに比重をつけていますか。

坂本 試合によるかもしれない。シーズン前半は勝ちたいというよりもプログラムが未完成なので、とにかく理想の出来上がりに近づけたいというのが先に来ます。「現状発表会」じゃないですけど、「今の自分はこれです」というのを試合でやって、それに対して何点出るかを確かめる。試合ごとに現状と点数を照らし合わせて、また次に向けて練習するのを繰り返します。とにかく最初のピークは全日本。そこでマックスまで持っていったあと、その次のマックスを世界選手権に合わせるという戦略は、だいぶ定着してきたと思います。

ファイナル優勝の目標を超えて

── 1年後にはオリンピックの枠取りがかかった世界選手権があり、オリンピックサイクルもいよいよ佳境という感じになってきましたが。

坂本 大事なシーズンですよね。

── 今回も、吉田選手も千葉選手も、「かおちゃんがいるから大丈夫」と全幅の信頼を寄せている感じでした。

坂本 それはうれしい。（笑）うれしいから、そう思ってもらっているあいだは絶対に貢献しないとと思っています。

── オリンピックへの道は、ご自身のなかでははっきり見えているんですね。

坂本 そうです。北京が終わって「4年後を目指してがんばります」と言ったとき

Kaori Sakamoto

から、途切れずに「絶対ミラノに出る」という目標を置いて、そこからさらに砕いて1年間をどう過ごしていくかを逆算してやってきて、もう3年目。早すぎて気持ちが追いついていないです。平昌から北京のときも「めっちゃ早！」と思っていたけど、最近はさらに1年1年がとても早く進んでいて、駆け抜けるように1年を過ごしている感じです。「え、この前あけましておめでとうって言わなかった？」って、いまも思っています。気がついたらミラノオリンピックが来てるんでしょうね。

―― でも、そのために必要な成果はすべて挙げてきています。今シーズンはグランプリファイナルという大きな瞬間がありました。

坂本　そう！　そうなんです！　いままで力が出せなかったファイナルで、やっと優勝。3年かかった！　3回目にしてやっと。本当にもう、うれしいです！

―― 昨シーズンは悔しい思いをした大会でした。

坂本　昨シーズンは、ファイナルには出られたものの、もともとグランプリ2戦が、自分が実感として感じている内容に対して点数が見合っていない、「坂本花織だから」と点数が出ているのかなと感じていて、「そんなに点数を出さないで」と思うこともありました。そんな出来じゃないのにとモヤモヤしたまま2戦をやって、自分の気持ちは下がっているのに点数だけはその前のシーズンのまま残ってしまっていた。その状態から、ファイナルでボロボロの演技をして、点数もあれだけ下がった。やっと内容と点数が一致して、モヤモヤが晴れて逆にすっきりしたんです。「あ、ここがいま自分のどん底です、いまはジャンプのためにしゃがむタイミングと同じで、あとは上がるしかないですね」って素直に思えた。昨季のファイナルは落ちてよかったなと思っています。

―― 成果を挙げた今季を世界選手権3連覇でしめくくって、何かご褒美を自分に買ってあげたりしましたか。

坂本　このあといっぱい楽しみがあります。友だちと初めて富士急ハイランドに行く計画をしているし、ユニバ（USJ）も行くし。家族とも遊ぶし、友だちの結婚式にも出るし。いっぱい予定を入れました！

―― 世界選手権が終わったあとは、「スターズ・オン・アイス」に参加されました。

3年連続の世界選手権金メダルを手に、笑顔の表彰式　©Yazuka Wada

新エキシビションナンバーの「Poison」を披露しましたね。

坂本　ついこの前会ったメンバーばかりで、世界選手権の続きなんじゃないかと思うくらい、1つ1つの演目もみんなレベルが高くて。そんな超豪華メンバーの中での大トリで緊張しますけど、しっかり公演を締めることを任されたと思って、のびのび滑らせていただきました。

―― 坂本選手らしいスピードが生かされて、気持ちよさそうな滑りでした。

坂本　もちろん振付は決まっているんですけど、いつもは忠実に滑る感じになるところを、このプログラムは自分らしさを消さずに、魅せて滑るということができると感じています。踊りに苦戦する派ですけど、このプログラムに関しては、いろんな人に見てもらいたいという気持ちがすごくある。自分の演技が終わってバックステージに戻ったときに、（友野）一希に「これ競技用にせえへんの？」って言わ

れて、結構うれしいひと言でした。競技用にするとなるとここからジャンプもスピンも1つずつ足すことになるので、足したらたぶんまたセーブしちゃうだろうし、難しいところですね。

―― 今シーズンのSPは姪御さんたちに捧げたプログラムでしたが、ご家族の前で披露するチャンスはありましたか。

坂本　「スターズ・オン・アイス」の大阪公演に、お姉ちゃんたち家族が甥姪も連れて6人で観に来てくれて、そのときにショートを披露できたんです。普段、3歳以下は試合を会場で観ることができないですけど、スターズは入れたので。お姉ちゃんからは「曲が鳴った瞬間にもう泣いちゃった」と言ってもらったし、姪と甥もおりこうさんに、泣かずにちゃんと観てくれて、もうなんか……見せられてよかったなと思っています。

（4月上旬、スターズ・オン・アイス期間中に取材）

取材・文：編集部　Text by World Figure Skating

世界選手権2024
興奮に沸く
モントリオール

3月20〜24日、モントリオールで世界選手権が行われ、
女子で坂本花織が3連覇を達成し、
男子でイリア・マリニンが圧巻の初優勝を決めた。
鍵山優真が銀メダル、シャオイムファが16人抜きで銅メダルを獲得。
ペアでは地元カナダのステラート＝デュデク＆デシャンが優勝、
アイスダンスはチョック＆ベイツが2連覇を果たした。

文：編集部　Texts by World Figure Skating

ISU **WORLD**
FIGURE SKATING
CHAMPIONSHIPS

MONTRÉAL
2024

男子で初優勝を飾ったイリア・マリニン（アメリカ）。SP「マラゲーニャ」の演技　Ilia Malinin (USA) ©Yazuka Wada

女子で56年ぶり、日本勢初となる3連覇を果たした坂本花織
Kaori Sakamoto(JPN) ©Yazuka Wada

2年ぶりの世界選手権で3回目の銀メダルを獲得した鍵山優真
Yuma Kagiyama (JPN) ©Yazuka Wada

木原の腰の怪我を乗り越え、ペア2位となった三浦璃来＆木原龍一　Riku Miura and Ryuichi Kihara (JPN) ©Yazuka Wada

SP19位から驚異の追い上げで初の表彰台に上がった男子3位のアダム・シャオイムファ（フランス）　Adam Siao Him Fa (FRA) ©Yazuka Wada

地元カナダで初優勝したペアのディアナ・ステラート=デュデク＆マキシム・デシャン
Deanna Stellato-Dudek and Maxime Deschamps (CAN) ©Yazuka Wada

ペア3位のミネルヴァ・ファビアン・ハーゼ＆ニキータ・ヴォロジン（ドイツ）
Minerva Fabienne Hase and Nikita Volodin (GER) ©Yazuka Wada

女子2位のイザボー・レヴィト（アメリカ）。自己ベストを更新した新SP「ネッラ・ファンタジア」の演技
Isabeau Levito (USA) ©Yazuka Wada

前回さいたま大会6位のキム・チェヨン（韓国）が女子3位に入った
Chaeyeon Kim (KOR) ©Yazuka Wada

アイスダンスで2連覇、今季全戦全勝の強さを見せたマディソン・チョック＆エヴァン・ベイツ（アメリカ）
Madison Chock and Evan Bates (USA) ©Yazuka Wada

アイスダンスで自己最高位の2位となった地元カナダのパイパー・ギレス＆ポール・ポワリエ
Piper Gilles and Paul Poirier (CAN) ©Yazuka Wada

アイスダンス3位のシャルレーヌ・ギナール＆マルコ・ファッブリ（イタリア）
Charlene Guignard and Marco Fabbri (ITA) ©Yazuka Wada

新世界チャンピオンに聞く

Ilia
MALININ

イリア・マリニン 男子シングル優勝

ここまで到達したのは誇り

2004年12月2日、米国フェアファックス生まれ。父ロマン・スコルニアコフと母タチアナ・マリニナは元ウズベキスタン代表。2023年世界選手権3位。今季は全米選手権2連覇、グランプリファイナルと世界選手権で優勝を果たした。

フリーを終えた瞬間、大きく叫んだイリア・マリニン　Ilia Malinin　©Yazuka Wada

―― センセーショナルな優勝を果たしましたね。おめでとうございます。

マリニン　最高の気分です。世界チャンピオンになれた！ というのは、ぼくにとってすごいこと。ずっとこれを目標にやってきたんだから。きっとこのあともずっと、何かにつけて思い出す記憶になるに違いないと思う。ここ数シーズンに積み重ねてきた進歩と努力がこの場所まで到達したのは自分でも誇りに思います。

―― この試合までは苦しかったと話していました。

マリニン　怪我があって、数日間練習から離れなくてはならなかった。世界選手権を欠場することまで話し合ったんです。でも自分を信じて、「ぼくは大会に行きたい」と言いました。がんばってよかった。

―― 今季はフリーの演技構成点が10ポイントも進歩しました。

マリニン　それは自分でも驚いたことで、いろいろ努力してきたこと、技術的な面も芸術的な面も楽しみながら練習してき

たことが実ったのかなと思います。もっともっとうまくなりたいと思っています。

―― 2位まで20点以上の差がつきました。もしあなたが追いかける立場だったら、追い上げるためにどんな練習をしますか？

マリニン　みんなそれぞれに違う戦略をもって試合にやってくるので、ぼくから何か戦略を挙げることはできないかな。でもぼく自身も含めて、どのやり方が自分にいちばん合っているかを見極めて、自分自身を制御していくことが大事だと思います。

―― 客席にネイサン・チェンさんが来ていましたね。

マリニン　ネイサンとはとても仲がよくて、ぼくがここまで来ることを助けてくれた人のひとりです。どうすれば試合でうまくやることができるか、ネイサンがいろんなコツを教えてくれた。ぼくのスケート人生の最高のときを彼が見ていてくれたのはうれしいです。

―― 宇野昌磨選手も称えていました。

マリニン　昌磨の滑りを小さいときから見ていて、選手になりたいという気持ちをかきたててくれたスケーターのひとりなので、いまこうして一緒に戦って、ぼくの成長を見てもらえるのは素晴らしいことです。

―― 世界チャンピオンになり、いよいよオリンピックに目が向きますね。

マリニン　とにかく健康でいることをいちばん大事にしたい。いい調子を保って、自分の演技を最高のものにするための戦略を探していきたいです。つねに向上していきたいし、身体的な限界を超えるための努力を続けていきたいと思います。

―― 妹のエリーさんも選手としてデビューされたとか。

マリニン　（照れて）どんなスケーターになっていくのか、兄としてはまだ様子見です。（笑）

（2024年3月24日、世界選手権男子フリーの翌日に取材）

取材・文：編集部　Text by World Figure Skating

表彰式にて　©Yazuka Wada

コーチで父のロマン・スコルニアコフとキス＆クライで得点を待つ
Ilia Malinin and his coach and father Roman Skorniakov. ©Yazuka Wada

ステラート゠デュデクは1983年6月22日、米国パークリッジ生まれ（今大会最年長）。デシャンは1991年12月20日、モントリオール郊外生まれ。2019年結成。今季は四大陸選手権、世界選手権優勝。

Deanna STELLATO-DUDEK
Maxime DESCHAMPS

ディアナ・ステラート゠デュデク＆
マキシム・デシャン ペア優勝
言葉にならない喜び

――　母国での金メダル、おめでとうございます。

マキシム　ありがとうございます。本当に感動しています。ここはぼくが生まれた街で、このアリーナはアイスホッケーの試合を見ながら大きくなったリンクです。この場所で、家族や友人、たくさんの子どもたちに見守られながら優勝という瞬間を迎えることができたのは、本当に素晴らしいことで、ぼくはもう言葉もありません。

ディアナ　パンデミックで2020年の世界選手権がキャンセルになってしまった

あと、もう一度モントリオールで大会が開かれることが決まったと知ったときから、表彰台の頂上に立つことが私たちの夢でした。本当にその夢を実現できたことは、まさに「ドリーム・カム・トゥルー」な出来事でした。

――　日本の三浦璃来＆木原龍一ペアは、昨シーズンに彼らの母国で優勝しました。今回、木原選手は試合後の表彰式に出られず、直接祝福できないことをとても悔やんでいましたが、それも母国での世界選手権のプレッシャーの大きさを知っているからだと話していました。

ディアナ　本当にそうです。龍一と璃来がチームを結成したころ、ちょうど私とマキシムもチームを組んだんです。私たちを引き合わせたのもブルーノ・マルコットコーチなんですよ。昨シーズン彼らが母国で優勝したことを私たちも本当にうれしく思っていました。まだ私たちは母国で世界選手権を戦うという経験がなかったから、どんなにプレッシャーが大きいのか想像するしかなかった。今回、私たちも彼らと同じ経験ができて本当にうれしいわ。

マキシム　カナダのチームとして世界

輝く金メダルを手に　©Yazuka Wada　　　　　熱い声援を送るモントリオールの観客たち　©Yazuka Wada

チャンピオンになること、オリンピックに出場することは結成当初からぼくたちの目標でした。いくつかの夢がもうかなったことがとてもうれしい。ぼくたちは試合に出るごとに必ず目標を設定しています。それをクリアしていくのは大変なことだけれど、シーズンの最後にはその努力がすべて結実していきます。

ディアナ GPファイナルでは苦い思いを経験して、教訓も学びました。どうしたら正しい軌道に戻せるか試行錯誤して、細部を磨いてきた。あの経験がそれ以降にとても助けになったと思っています。

―― ディアナさんは16年間競技から離れていて、そのあとで復帰しました。16年間で学んだことはどんなことでしたか。

ディアナ 最初に競技を引退したころ、すごくよく覚えていることがあるんです。友人とパーティに出かけたら、ちょうどテレビ画面にフィギュアスケートが映っていた。それまでスケートは私の人生のすべてだったから、当然みんなが見るものだと思っていました。なのに、友人はテレビに近づいて、チャンネルを変えたんです！　もうあっけに取られてしまって。スケートはみんなが見るものじゃないんだ……と思った。競技に戻ってからも、私は自分の情熱のすべてをみなさんに見せたいけれど、だからといってそれが自分のすべてじゃない。今回だって、私にとっては人生最良の瞬間だけれど、それを見ていない人だっている。そう思うと、プレッシャーが軽くなります。

―― マキシムさんはいつも振付を工夫し、革新的な動きを追求していますよね。

マキシム ぼくは学生時代、キネシオロジー（運動科学）を勉強していました。身体が動くメカニズムを勉強して、動きを分析する方法を身につけた。最もパワフルでありながら努力を感じさせない動きを作り出したいです。ぼくは子どもたちにも教えているから、どうしたらうまく動けるかを編み出していますね。

ディアナ 私がいろいろアイディアを出して、マキシムがどうすれば実現するか考えてくれるのよ。

―― 表現を深めるためには、どんなことに取り組んでいますか。

ディアナ 今季は演技コーチのレッスンを週に4日受けました。すごく面白い練習ばっかりだった。頭がおかしくなったみたいに叫びながら演技をして！　とかね。終わった後で、周りのみんなに「狂ったわ

地元カナダでうれしい初優勝を果たしたステラート＝デュデク＆デシャン
Deanna Stellato-Dudek and Maxime Deschamps. ©Yazuka Wada

けじゃなくて表現を濃密にするための練習だったの」って説明して回らなくちゃならなかったわ。（笑）

―― SPのあとの会見で、ディアナさんは調子を整えるために同じものを食べ、同じ時間に眠ると話していました。

ディアナ 年齢を重ねた者として、マキシムと滑るための準備を整えなくてはいけません。毎日100％の状態の自分でいることがパートナーに対する責任だと感じているんです。そのために毎日同じものを食べ、炭水化物量とたんぱく質量を必ず記録し、決まった量の水を飲みます。そこから外れると、身体がうまく動かず、

それはアスリートとしてリスペクトに欠けた行動だと思ってしまう。だから夜のあいだに回復することも大事にしています。すべては翌日の練習のためです。

―― このあと「スターズ・オン・アイス」で日本に来られます。

ディアナ 本当に楽しみ！　昨年の世界国別対抗戦のあと、マキシムにサプライズで子犬をプレゼントされたの。日本にはかわいいワンちゃん用の服がたくさん売ってるって聞いたから、ショップを回りたい！

（2024年3月22日、世界選手権ペアフリーの翌日に取材）

取材・文：編集部　Text by World Figure Skating

モントリオール大会の開幕を飾ったペアSP。最終グループに"りくりゅう"が登場 ©Yazuka Wada

コロナ禍で直前にキャンセルになった2020年から4年、モントリオールの地に満を持して世界選手権が戻ってきた。会場はベルセンター。すりばち状で声がよく通るアリーナには、連日スケートファンが詰めかけ、にぎやかかつ温かい応援で盛り上げるなか、選手たちが力戦を繰り広げた。

りくりゅう銀メダル、復活の舞

大会のスタートを切った種目はペア。20日SP、21日フリーで、日本の三浦璃来＆木原龍一組が銀メダルを獲得した。木原の怪我でシーズン前半を休養にあて、四大陸選手権で復帰したものの完全復調とはいかなかった2人は、大舞台に向けてフリーを2季前の「Woman」に変更。SPで首位から約4ポイントの遅れとなりつつ、フリーに挑んだ。哀切にうたい上げる曲調と響き合うパフォーマンスで追い上げたが、サイドバイサイドのサルコウにミスが出て逆転はならず。とはいえ、シーズンベストを出してフリー1位、総合では2位と、来季へ向けていい位置で締めくくる結果となった。

優勝を果たしたのは地元カナダのステラート＝デュデク＆デシャンだ。デシャンはモントリオール近郊の出身で、まさにホームゲーム。怒濤のような声援で会場が沸き返るなか、堂々たる演技で終始スポットライトを浴びる主役の風

格だった。3位は進境を見せたドイツのハーゼ＆ボロジン。SPで3位だったコンティ＆マチイは6位に沈んだ。

競技後、木原は過呼吸に似た症状に陥り、表彰式に出席できないという事態に見舞われた。その後の会見にはブルーノ・マルコットコーチが代理で出席、チームドクターからは運動誘発性喘息によるものという発表がなされた。23日には、スモールメダル・セレモニーで、回復した木原と三浦にメダルが授与され、木原が周囲の心づかいに感謝の挨拶。氷上では1位、3位のチームも快く参加して、改めて写真撮影が行われた。

モントリオールといえば、アイスダンスのメッカとして知られる地。22日にリズムダンス、23日にフリーダンスが行われ、出場36組中、日本の小松原＆コレト組を含むじつに12組がアイス・アカデミー・オブ・モントリオールで練習するチームだった。

試合では、チョック＆ベイツがスピード、正確さ、物語性を兼ね備えた演技を2本揃え、2連覇を飾った。病から復帰したギレス＆ポワリエはFD「嵐が丘」で複雑な感情がほとばしる表現を見せ、母国の観客の前でうれしい2位。イタリアのギナール＆ファッブリは攻めの演技で3位となった。リトアニアのリード＆アンブルレヴィチウスは、人の絆の再生を表現したFDでも進境を見せて

6位。アリソンは「姉・キャシーと両親も見に来てくれた」と喜んでいた。

モントリオールの隆盛を率いるコーチのマリ＝フランス・デュブリュイユは、「4年間心待ちにしてきた大会で、みんなわくわくしていましたし、私たちコーチ陣は初めて教え子たちのご両親に会えたんですよ。選手たちが力を発揮してくれて、とても誇らしいです。それに（振付を担当した）花織の活躍もうれしいわ」と話していた。

坂本花織、3連覇

女子は20日にSP、1日挟んで22日にフリーが行われた。

2連覇中の前回チャンピオンとして試合に臨んだ坂本花織は、SPで3ルッツの着氷が乱れて4位と出遅れた。SP首位に立ったのは十八番のキャッチーなダンスで沸かせたベルギーのルナ・ヘンドリックス、続いてアメリカのイザボー・レヴィト、韓国のイ・ヘイン。

フリーでの坂本の追い上げは圧巻だった。若手のキム・チェヨンが精確でクリーンな滑りで浮上するなか、最終グループ3番目で登場した坂本は、滑り始めのシークエンスでつまずきかけたが、落ち着いて最初の2アクセル、3ルッツを降り、自分の演技に集中していった。ジャンプ、スピン、そしてスケーティングをハイレベルで融合させ、女王の威厳を示してあまりある演技。客席を総立ちにさせて暫定首位に立った。「もう疲れました……。滑り出しのミス、心臓に悪い！　試合って何が起きるかわからないなと思いました」と第1声。

続くレヴィトはノーミスで丁寧にまとめ上げて笑顔で滑り終えたが、おもにGOEの差で坂本に及ばず総合2位、キムが3位、ヘンドリックス、イはミスが出てそれぞれ総合4位、6位に後退。坂本の優勝が決定し、女子で56年ぶり、日本勢で初となる3連覇を達成した（合計222.96点）。

今季不調に苦しんだイは「昨季の世界選手権でメダルを獲ったことが少しプレッシャーになって、今季どうしたら向上していけるかわからなくなりました。でもより成熟した滑りができるよう努力しました」と話した。

SP13位というスタートを切った千葉百音は、フリーで7位に順位を上げた。「緊張しすぎて息苦しいという感じ

半、後半は少し気を扱いたら足がもつれてしまうくらい、最後まで集中力を保つのがいままででいちばん難しい試合でした」。ポップなSPで観客の心をつかんだ吉田陽菜は8位。会場の乾燥のため声が出なくなってしまったが、囁き声で「今シーズンたくさんの経験をさせていただいて、まだこれからなので、しっかりシニアで活躍できるようにしたいです」と誓った。

ほか、目覚ましいジャンプで5位に気を吐いたスイスのキミー・リポンド、フリーで3アクセルを成功させ10位に入ったアメリカのアンバー・グレン、SP5位と復調の兆しを見せた韓国のユ・ヨン（総合は12位）、地元カナダの声援を一身に受けたマデライン・シザズ（18位）など、多彩な顔ぶれが躍動する試合だった。

マリニン初戴冠、宇野4位
男子はSP21日、フリー23日で大会の掉尾を飾った。

SPで首位に立ったのは2連覇で臨んだ日本の宇野昌磨だ。最終滑走に登場するだけであたりを払う気品と威厳は王者のもの。4フリップを完璧に決めると、決意や純粋さ、憂い、歓びなどさまざまなニュアンスを感じさせる演技を滑り終えて、両拳を振り下ろす。「試合でいちばんいいフリップを跳ぶことができた。素晴らしいショートだったと思います。最後まで投げやりにならず、失敗を恐れずに毎日取り組んできた結果」と振り返った（107.72点）。

鍵山優真はSP「Believer」を細部まで明晰かつ雄弁なスケーティングで滑りきった。冒頭の美しい4サルコウ、4トウ＋3トウ、3アクセルの3本とも、糸を針の穴に通すような正確さ。ガッツポーズの鍵山をスタンディングオベーションが称えた。106.35点でSP2位。

鍵山に次ぐ3位で折り返したのがアメリカのイリア・マリニン。気持ちをかき立てるフラメンコギターの曲を若々しい躍動感で表現し、4トウ、4ルッツ＋3トウ、3アクセルを危なげなく決めて、105.97点と僅差につけた。

世界選手権初出場の三浦佳生は、SP冒頭の4サルコウを高精度で決める滑り出し。だが3アクセルでややぐらつき、4トウで転倒してコンビネーションを落としてしまう。85.00点、SP10位

のスタートに、うつむいし落胆の表情だった三浦は、「実力なので、これ以上言うことはないです。失うものもないですし、フリーではただただ突っ走っていけたら」と話した。

競技最終日の23日、男子で最初の見どころを作ったのは、SPでジャンプをすべて失敗し19位と番狂わせの下位に沈んだフランスのアダム・シャオイムファだった。第1グループの最後に滑った彼は、4ルッツ、4トウ＋3トウ、3アクセル＋2アクセルのシークエンス、4サルコウ、4トウ、3アクセル、3ルッツ＋オイラー＋3サルコウと驚異のジャンプ構成で畳みかけ、アクロバティックな側宙、果ては減点覚悟のバックフリップまで、"やりたい放題"と呼びたいような振り切った演技を滑り抜く。耳をつんざく大歓声のもと206.90点をたたき出すと、そこから（上位3位までの選手が展開を見守る）グリーンルームに2時間半も滞在することに。「SPでは守りに入って失敗した。フラストレーションを力に変え、フリーでは全力を尽くした。ネイサンの平昌を思い出したりした」と話した。

最終グループは最高峰の戦いにふさわしい熱戦となった。そのなかで、初めての王座に昇ったのがマリニンだ。GPファイナルからフリーに組み込む4アクセルを冒頭に鮮やかに決めると、4ルッツ、4ループ、4サルコウ、4ルッツ＋オイラー＋3フリップ、4トウ＋3トウ、3ルッツ＋3アクセルのシークエンスという異次元の構成をテンポよく成功させていく。フリップ以外の5種類の4回転をすべて成功させ、才能と努力の成果を爆発させると、滑り終えて頭を抱え感極まった。227.79点でフリー世界最高得点を更新。誰もが納得の新王者誕生となった（合計333.76点）。

強豪に対して心乱すことなく、「自分の試合」を貫いた鍵山が2位と、自身3つ目の世界銀メダルを手にした。切れ味のいい4サルコウ、公式戦初成功の4フリップをはじめ、アクセル着氷後のしりもちを除いて高水準のパフォーマンス。力をすべて出し切り、総合でシャオイムファを上回って涙ぐんだ。「全力でがんばった試合。練習の自信に加え、本当にお客さんに救われた試合でした。アクセル転んだあとの歓声がすごくて、そんなに応援してもらえるんだと泣きそ

うになっちゃって。ありがたい」

宇野は精悍な表情で滑り出したが、1本目の4ループで転倒、その後も綺麗に決まるジャンプとステップアウトなどのミスが交錯する。哲学的な色を帯びた後半の「鏡の中の鏡」パートは抜群の求心力だったが、4位と表彰台から滑り落ちる結果に。演技を終えた表情には悔しさはなく、すっきりとした笑顔。「自分らしい、思い出に残る試合になった。後悔はないです。（今後について）自分と向き合っていきたい。この場で断言できないけれど、落ち着いたら話したい」と含みを持たせた。マリニンの演技については、「佐藤駿くん、三浦佳生くん、優真くん、これからがんばってね」とコメント。

三浦は、4ループ、4サルコウで転倒があったが、諦めずに4トウ＋3トウなど後半は地力を見せ、総合8位。演技後は憔悴した表情だったが、これこそが貴重な経験になるはずだ。

「見果てぬ夢」で流麗な滑りを見せたアメリカのジェイソン・ブラウンが5位。スイスのルーカス・ブリッチギーは完成度が高く明るい演技で6位とトップシーンに名乗りを上げると、演技後に取材エリアのモニターでそのままマリニンの演技を見守り、「言葉にならない！　すごい！」と興奮していた。7位は粘り強くミスの少ない試合運びでラトビアのデニス・ヴァシリエフス。9位のイタリアのニコライ・メモラは長身ながら余裕をもった体捌きで、4ルッツを着氷するなど実力を証明。昨季銀メダリストの韓国チャ・ジュンファンは怪我の影響を脱することができず、10位となった。

マリニン、シャオイムファという2人の新世代がエポックとなった今大会の男子シングル。抜群の身体能力を誇る2人とどう戦っていくか、日本勢も今後彼らと対峙していくことになる。

＊

今大会をサポートしたのが元カナダ代表たちだ。キーガン・メッシングが、おなじみの巨大カナダ国旗で"応援隊長"を務め、ジョアニー・ロシェットとナム・ニューエンはガラの司会などで活躍。そのガラには、レジェンドのエルヴィス・ストイコ、パトリック・チャンが登場して往年を彷彿とさせる滑りを披露し、スケート大国カナダらしい見せ場を作った。

Riku MIURA &
Ryuichi KIHARA

三浦璃来&木原龍一 ペア2位

いいチームだなと
あらためて思いました

三浦は2001年12月17日宝塚生まれ、木原は1992年8月22日愛知生まれ。木下グループ所属。昨季は世界選手権、四大陸選手権、グランプリファイナルすべてを制する年間グランドスラムを達成。今季は四大陸選手権2位、世界選手権2位。

フリー後の表彰式は木原の体調不良で欠席したが、23日のスモールメダルセレモニーで2日遅れの銀メダルを手にした2人。同日、男子表彰のあと、氷上でペアのメダリストたちの記念撮影があらためて行われた
Riku Miura and Ryuichi Kihara. ©Yazuka Wada

―― 世界選手権を終えて、いまどんな気持ちですか。

三浦 今シーズンは怪我からのスタートで、復帰後の試合は納得のいく演技ができなかったんですけど、四大陸選手権が終わってからの6週間は本当に悔いのない練習を積んできたので、その練習の成果を出せたことがすごくうれしいと思うんですけど、そのなかでもやはりミスがあったので、悔しい思いもあります。

―― 6週間前に変更したフリー「Woman」で自己ベストを更新しました。

三浦 前回、前々回の試合はレベルの取りこぼしが多かったんですけど、今回はツイストとデススパイラルのレベル3以外はレベル4を取ることができたので、やってきたことは無駄じゃなかったんだと再確認することができました。

―― ちなみに木原選手の体調は?

木原 いまはもうだいぶ症状が落ち着いて、薬で収まっているので大丈夫なんですけれども、日本に帰ったら一度ちゃんと病院を受診しようと思います。ご心配をおかけして申し訳ありません。

―― 今シーズンは2人の成長と関係において重要な年だったと思います。

三浦 前のシーズンに私が怪我をして、すごく支えられていたことに今シーズン気づくことができました。どうやったら龍一くんをサポートできるのか、話し合いながら試行錯誤していたので、2人とも成長はできたかなと。

木原 普段はぼくのほうが引っ張る場面も多いし、フォローすることが多かったんですけれども、今シーズンは逆に助けていただく場面のほうが多くて。どうしても怪我はネガティブな感情も多いし、ぼくのほうが崩れやすかった。しっかり璃来ちゃんがサポートしてくれて、心から感謝しています。

―― 喘息の症状はこれまでには?

木原 たぶんこれ、初めてじゃなかったんですよ。試合後に症状が出ることはあったけど、ここまでひどいのは今回が初めてで、いま思い返せば、ここ数ヵ月くらい違和感は確かに出ていて、練習中から息があがるときや手のしびれもありました。トレーニング不足から来ているものだと思っていたんですが、いま思うと違ったのかもしれない。しっかり治療を受けて治したいです。

―― この2戦で、ある程度やり切れた思いがあるのか、悔しさが残るのか。

木原 両方ですよね。2戦で自分たちの力を証明できたのはよかったと思いますけど、点数が出たときに「もっと出せたのにな」という想いがあった。もう1試合あればもっといいプログラムができたと思うので、怪我の影響がやっぱりあります。

―― ご自分が苦しいときに、ブルーノコーチを通じて優勝カップルに祝福を送りましたね。

木原 やっぱり自国での世界選手権で優勝するのはすごく特別なことなので、表彰式でしっかり祝うことができなかったので、申し訳ないなという気持ちがあって、コーチを通じて伝えさせていただきました。

―― 怪我をする側が変わったなかで、新たに気づいたお互いの性格は?

三浦 龍一くんはどちらかというとポジティブな人柄だと思ってたんですけど、怪我をしたからこそ焦りも出てくるし、完璧を求めちゃうというのがあるなか、ネガティブな発言が出てくるという状況で、珍しいなと思いました。いい練習を積んでいるなかでのネガティブな発言が多かったので、「あなたはできるんだよ」って言って。「私よりも自信をもったほうがいい」という話をしました。

木原 普段からぼくのほうがしっかりしてますし、サポートする立場が多いので、そのなかでも自分の弱い部分が出ることが多かったんですが、サポートしてもらえて、うれしかったですし、感謝していますし、いいチームだなと改めて思いました。

―― フリーを戻して正解だったと?

木原 最初は2つのプログラムを作り上げたいという思いがあったんですが、6週間では間に合わなくて、今回コーチの判断に従って戻したことは、いい判断だったと思います。ショートはもう少し時間がほしかったのが正直な気持ちです。

―― ペア普及への思いは。

木原 3枠あるので、挑戦するチャンスがある。少しでも新しいチームが突き進むきっかけになれたらいいかなと思います。ぼくもほかの人の枠で挑戦させていただいたこともあるので、自分がしてもらったことを後輩たちにしていけたら。

―― 長岡&森口組の挑戦については?

三浦 同じチームメイトとして一緒に大会に出たいと思って、すごく応援していました。いま、ピクミンブルームに私がすごくハマってて、柚奈ちゃんと(清水)咲衣ちゃんにもおすすめしたんですよ。そしたら盛り上がりすぎちゃって、毎日ピクミンのやりとりをしています。(笑)今回の本番前にも、「こんなピクミン取れたよ!」って。

木原 試合の話じゃないのよ!(笑)

(2024年3月23日、世界選手権ペアフリー2日後の共同取材より構成)

取材・文:編集部　Text by World Figure Skating

りくりゅう初のオフィシャルブック「RikuRyu! 三浦璃来&木原龍一フォトブック」が好評発売中です。

前回優勝の実力を見せ、フリーでは今季ペア最高点となる自己ベスト144.35点をマークした三浦璃来&木原龍一(2024年世界選手権)
Riku Miura and Ryuichi Kihara. ©Yazuka Wada

©Yazuka Wada

Shoma UNO

宇野昌磨 男子シングル4位

最善は尽くした

フリー演技を終えて ©Yazuka Wada

—— 柔らかい表情が印象的でしたが、どんな思いでこの世界選手権を迎えられていましたか。

宇野　すごく楽しみたいなという気持ちではありました。結果的に、ショートよくてフリーよくないっていう結果にはなりましたけれども、失敗も成功も全然納得できるものでした。自分が成功しても失敗しても両方受け入れられるだけの練習をしてきた。自分が毎日最善と思える練習をしてきたからこそ、よくても悪くても受け入れられるんじゃないかなって思っていました。今回の演技に関して、いろんな意見があるかもしれませんけど、ぼくとしてはもう全然納得している。そして、ここまでいっしょに切磋琢磨しながら、支え合ってきたチームのみなさんにはすごく感謝しています。

—— ステファン・ランビエルコーチに対しての思いは？

宇野　やっぱりもっとステファンを喜ばせたかった、心からあふれるようなよろこびをぼくは見たかったっていうのはあったんですけど。でも、ぼくなりに今日まで最善を尽くして、うまくいかなくても悔しさとか後悔の気持ちが少ないのは、すごくよかったんじゃないかなとは思います。

—— 宇野選手がイリア・マリニン選手の同世代で、これから切磋琢磨していかなきゃいけない世代だとしたら、どうしていると思いますか。

宇野　2年前のような自分のメンタルなのかなと思います。ぼくもネイサンという圧倒的な存在がいたので、彼にちゃんと及ぶ選手になるためにというモチベーションでやっていました。だからもう、ぼくのいまの年齢、立場だからみんな大変

　日本勢男子初の3連覇に挑んだ宇野昌磨。フリーの演技　©Yazuka Wada

1997年12月17日、愛知県出身。トヨタ自動車所属。平昌オリンピック銀メダル、北京オリンピック銅メダル。2022、2023年世界選手権優勝。全日本選手権6回優勝。

だなって思いますけど、きっといまの若い人たちは、これを乗り越えようと日々の練習がさらに意欲的になってくると思う。やっぱり切磋琢磨する目標があるっていうのはすごく大事なことだと思うので、ぼくもそれですごく助けられましたし、すごくいい存在なんじゃないかなと思います。本当にぼくはネイサンがずっとトップであり続ける時代からいっしょに戦ってきました。もちろんパトリック・チャンとかゆづくん（羽生結弦）、やっぱり時代に1人はいるんだなと思いました。ぼくもそれに必死に追いつこうとしましたけれども。ぼくなりに最善は尽くしたかなとは思います。

—— 表現の面で、競技をさらに高みに導くための役割はどのくらい果たせたと思いますか。

宇野　その問いだけの答えで言うならば、シーズンに入る前に思い描いていたものはまったくなかったなとは思いますね。ぼくも最後は競技として見て、ジャンプに全振りという感じでした。競技のあり方というのを選手たちが問うのが、果たしてそれがいいのか悪いのかわからないですし、決められたルールのなかでやらせてもらってる立場ではあるので、難しいところだなとは思います。ただ今大会のマリニンくんの演技っていうのは本当にすばらしいもので、彼以外にあの演技ができるかと言われたら絶対無理ですし。自分が長くフィギュアスケートをやってきたからこそ、時代とともに点数の付け方とともに、いろいろ変わったなって思ったりはします。選手たちはこれからもそのルールのなかで戦っていかなければいけないので、みんながんばれって思ってます。

—— 前回の世界選手権と今回の世界選手権との違いはどんなところでしょうか。

宇野　やっぱりいまのほうが、清々しさとか、よかったなって思えるんですね。もちろん結果は全然去年のがいいんですけど、その違いって、やっぱりその日まで積み上げてきた練習だったり、あとは課題が逆に残ってしまったっていうのもまあよかったのかなと。本当に去年の世界選手権が終わったあとは、しばらくスケートしたくないっていう気持ちでしかなかった。まあぼくはどんな出来事も、絶対自分のためにある出来事だと思ってるので、今回もその1つとしていい出来事だったんじゃないかなとは思ってます。

—— いままで羽生選手やネイサン・チェン選手と、ライバルや勝ちたい選手がいたと思いますが、今回のマリニン選手も勝ちたい相手でしたか。

宇野　そうではなくなってたかもしれないですね。ぼくの競技者の精神というのは、あの2人が現役を退いた時点で、けっこう難しいものにはなったと思います。それまでの積み上げ、やらなきゃという使命感からこの2年間なんとかつなぎましたし、正直、今年自体もやめるという決断ができなくて続けたという感じなので。マリニンくんにとっていい存在でいたいという気持ちは本当にありましたけれども、心から勝ちたいっていう気持ちにならなかった、なれなかったっていうのは、ネイサンとかゆづくんの存在というのがぼくのなかで大きかったっていうところもあったかもしれないですね。

—— この2年間、後輩の選手たちにとっては挑戦すべき存在であり続けた、成長を助けたという意識はご自身ではありますか。

宇野　そうであってくれるとすごくうれしいですね。本当に苦しかったほうが多かったです、この2年間。いい成績を出そうが、全然それに見合ったうれしさは感じることがあんまりなかったですし。優勝して、試合が終わって、安堵のほうが大きかったりすると、フィギュアスケートを日々がんばるというのが、けっこうぼくにとって難しいって思う時期もあったので。後輩にとってプラスになっていればいいなとは思ってます。

—— 周りの方たちに対しての思いはいかがですか。

宇野　さかのぼると、グランプリシリーズで全然思うようにいかない演技をしたときに、ステファンコーチ、ファンのみな

圧巻のSPの演技　©Yazuka Wada

さん、そしてもちろんいちばん身近で支えてくれる家族だったり、それこそ今回リポーターで来てる（本田）真凜とか、本当にみなさんの力が、支えがあって今日までこの位置でトップ争いをすることができたと思っています。だから、1人1人出会えたすべての人に感謝しています。今大会が終わったら、ステファンコーチとも今後とも仲良く話して、自分たちの方針に向けてしゃべっていきたいなと思っています。（メディアに対して）しゃべりすぎても多方面に迷惑かけると申し訳ない。言葉を濁すかたちになって申し訳ないんですけど、とりあえずよかったなと思ってます。（笑）世界選手権まで精いっぱいスケートをやってきたので、一旦休んで、またたくさんショーにも出させてもらいますし、今後を考えていきたいなと思います。今回リポーターで真凜が来てますけど、すっごい忙しそうなので、全然会えてないので、帰ったらいっしょに過ごしたいなと思ってます。

（2023年3月24日、男子フリー翌日の共同取材より）

取材・文：編集部　Text by World Figure Skating

Mone Chiba

2005年5月1日生まれ、仙台出身。木下アカデミー所属。昨年5月に地元仙台から京都に拠点を移し、濱田美栄コーチに師事。今季、四大陸選手権で初優勝した。

Hana Yoshida

2005年8月21日、愛知出身。木下アカデミー所属。今季は初参戦ながらグランプリファイナルに進出し銅メダルを獲得。ISUアワードの最優秀新人賞も受賞した。

千葉百音

女子シングル7位

苦もあれば楽もあるな

―― 大会を振り返って、いかがですか。

千葉　まず、この大会に出場させていただけたことにすごく感謝しています。たくさん反省点が見つかった試合でもあり、フリーでは初めての世界選手権ですごく緊張した場面でも、やりきったって少しは思えるような演技ができました。

―― 今季はどんな1年でしたか。

千葉　この1年は一言で言うと、濃い味の1年だったなと思います。正直、スポーツ喘息に苦しめられていた時期は、どんなに練習しても成果が出なかったので、乗り越えようにも途中で押しつぶされそうになり、なかなかに辛い時期でした。人生18年しか生きてないですけど、苦もあれば楽もあるなと。(笑) 全日本選手権や四大陸選手権ではすごくいい感覚を掴むことができて、この世界選手権では自分はまだまだ強さが足りないなというふうに痛感させられました。内側からにじみ出る自信のオーラとか、練習のときの振る舞い方だとか。特にショートで同点だったキミー・リポンド選手は練習から常にトップスピードで、休んでる暇がないくらいずっとジャンプを跳びにいくすごく強気な選手だなと感じました。

―― 3連覇を成し遂げた坂本選手の姿は、千葉選手の目にどう映りましたか。

千葉　坂本選手はお人柄が非常にいい選手で、私もついため口になってしまうんですけど、昨日のあの演技を拝見させていただいてからは、ため口では話しかけられないなと。メンタルは場数で強化していって、4回転トウループもどんどん練習していって、筋力トレーニングなども積極的にオフシーズンに強化していきたいです。

―― フリーのあと「しっかり表情管理を」とおっしゃっていましたが、来季に向けて表現の面でどのような取り組みをしていきたいですか。

千葉　困り眉になっているときは、無理に笑おうとしたら集中が切れてしまうんじゃないかというような心情で、いい緊張はできている状態なのですが、動画を見返しても表情がかったいなと感じるので、表情も練習していくしかないです。2〜3歩でトップスピードに乗っていけるようなスケーティングの強さっていうのももっともっと磨いていきたいなと思いました。

(2023年3月23日、女子フリー翌日の共同取材より)

―― この結果を受けていかがですか。

吉田　ミスはあったんですけど、悔いはまったくなくて、やれることはやったかなと思うので、シーズン最後に納得して終われたかなと思います。

―― トリプルアクセルについてはいかがでしたか。

吉田　練習で全然調子がよくなかったので、最後までカーブやジャンプをたくさんイメージしてそのままいけて、いまできるいちばんいいアクセルだったと思います。いつかは絶対必要になってくる時代が来ると思うので、そのときのためにやっぱり挑戦し続けたいです。

―― 同じくトリプルアクセルを跳ぶアンバー・グレン選手ともお話しされたそうですね。

吉田　アンバー・グレン選手のアクセルを見て、自分も降りるぞと思えたし、いっぱい話したかったんですけど、(自分が)カスカス声で(笑)ちょっとしか話せなくて。アンバー選手は21歳になって初めて跳んで、時間をかけて跳んだ話だったり、すごい迫力のあるでかいジャンプを跳ぶので、オフアイスのトレーニングとかを聞いてみました。アンバー選手も優しく

美里：1992年7月28日、東京出身。尊：1991年6月17日、米国モンタナ出身。倉敷FSC所属。今季は全日本選手権で5度目の優勝。

Misato Komatsubara
Tim Koleto

吉田陽菜

女子シングル8位

シニアの選手の
最後の意地がすごい

小松原美里＆
ティム・コレト（小松原尊）

アイスダンス18位

いまの年齢でできるよさ、
美しさを

て、話しかけてくださったりします。

—— シニアのトップ選手と戦って、どう感じましたか。

吉田　世界選手権は、みんながここに懸けてしっかり合わせてくることと、シニアの選手の最後の意地がすごいなと思ったので、そこはたくさん経験を積まないと出てくるものではないと思うので、自分もそういう選手と一緒に戦えるようになりたいなと思いました。

—— いまのご自身の強みは、どんなところでしょうか。

吉田　ジャンプの技術点は自分の強みなので、その強みを出せるようにしたいなって思います。スケーティングの部分がシニアではまだまだ足りないので、そういう部分を伸ばしていきたいんですけど、そこは少しずつの積み重ねだと思うので、毎日大事にしたいです。

—— 大学進学を控えていますが、将来についてはどのように考えていますか。

吉田　海外に行ったりするのがすごい好きなので、他の国の方々とコミュニケーションをとったりできる仕事につきたいなと思います。

（2023年3月23日、女子フリー翌日の共同取材より）

—— 大会を振り返っていかがですか。

小松原　しんどかった練習、リズムダンスの失敗もその日の夜の持ちこたえも、フリーも全部楽しかったです。それを楽しめるのは本当に支えてくださっているみなさまがいるからだと強く思っているので、感謝の気持ちをお伝えしたいです。

コレト　この温かい会場で、ファンのみなさまと家族と、いっしょに滑ってる子たちもいっぱいいましたので、本当にまずはみなさんに感謝の気持ちを伝えないとなと思ってます。本当にこの大会は楽しかったです。観ている方々も楽しそうだと思いましたし、お互いに尊敬していて、いっしょにここでがんばっているアイスダンスの組がいっぱいいたから。自分のなかで世界選手権では15位以内になりたかったんですけど、できなかったというところで、満足ではないという気持ちもいっぱいありますけど、本当にいいパフォーマンスができました。昨季よりチームココはレベルアップしたと思っています。大輔さんと哉中さんにも感謝の気持ちを伝えたいです。2人が来なかったらたぶんチームココはここまでになっ

てないなと思ってますので。ありがとうございます。自分の心のなかで、ミラノ・オリンピックの夢、まだあります。チーム団体戦の優勝チャンスがあるかもしれないので、選手としていい目標だなと思ってます。

—— 今季は若手の台頭もありました。

小松原　全日本の後はかなりやっぱりしんどくて、保留という字がちょっとトラウマになるんじゃないかなと思ったぐらいだったんですけど、それを次の日には、ポジティブに切り替えられていたことは、強かったなと思います。（若いチームの台頭は）日々の刺激になってます。大会だけじゃなくて、日々の練習でもあずしん（田中梓沙＆西山真瑚）が近くにいらっしゃるので。それがパーソナルベストにつながっていると思う。もう一面は、かなりしんどいです。年齢もありますし。ただ、今回ペアのディアナさんが40歳で優勝という、すごいかっこいい姿とかを見ると、自分のいまの年齢でできるよさ、美しさをもうちょっと追求したいなと思います。

（2024年3月24日、フリーダンス翌日の共同取材より）

女子5位のキミー・リポンド（スイス）　Kimmy Repond (SUI)

女子6位のイ・ヘイン（韓国）
Haein Lee (KOR)

ペア5位の アニカ・ホッケ＆ロベルト・クンケル（ドイツ）
Annika Hocke and Robert Kunkel (GER)

女子4位のルナ・ヘンドリックス（ベルギー）　Loena Hendrickx (BEL)

ペア4位のパヴロワ・マリア＆スヴィア
チェンコ・アレクセイ（ハンガリー）
Maria Pavlova and Alexei
Sviatchenko (HUN)

ペア6位のサラ・コンティ＆ニコロ・マチイ（イタリア）
Sara Conti and Niccolo Macii (ITA)

男子7位のデニス・ヴァシリエフス（ラトビア）
Deniss Vasiljevs (LAT)

男子9位のニコライ・メモラ（イタリア）
Nikolaj Memola (ITA)

男子10位のチャ・ジュンファン（韓国）　Junhwan Cha (KOR)

アイスダンス6位のアリソン・リード＆サウリウス・アンブルレヴィチウス（リトアニア）
Allison Reed and Saulius Ambrulevicius (LTU)

アイスダンス5位のマージョリー・ラジョア＆ザカリー・ラガ（カナダ）
Marjorie Lajoie and Zachary Lagha (CAN)

男子6位のルーカス・ブリッチギー（スイス）
Lukas Britschgi (SUI)

アイスダンス4位のライラ・フィアー＆ルイス・ギブソン（イギリス）
Lilah Fear and Lewis Gibson (GBR)

男子5位のジェイソン・ブラウン（アメリカ）
Jason Brown (USA)

Photos ©Yazuka Wada

31

吉田陽菜　Hana Yoshida

パトリック・チャン　Patrick Chan

ステラート=デュデク＆デシャン
Stellato-Dudek and Deschamps

エルヴィス・ストイコ　Elvis Stojko

イリア・マリニン　Ilia Malinin

ギレス＆ポワリエ　Gilles and Poirier

ルーカス・ブリッチギー　Lukas Britschgi

地元カナダのシンクロチームの演技。元アイスダンサーの
深瀬理香子の姿も　Les Supremes

司会のナム・ニューエンから副賞を贈られる宇野昌磨
Shoma Uno and Nam Nguyen.

地元モントリオールで多数のアイ
スダンサーを指導するマリ=フラ
ンス・デュブリュイユ
Marie-France Dubreuil

ISU WORLD FIGURE SKATING CHAMPIONSHIPS MONTRÉAL 2024

2024年世界チャンピオンたち　2024 World Champions

キム・ヒョンギョムとコーチのキム・ジ
ンソ　Hyungyeom Kim and his
coach Jin-Seo Kim.

フィリップ・キャンデロロとアレクセイ・ウルマノフ
Philippe Candeloro and Alexei Urmanov.

Photos ©Yazuka Wada

WORLD FIGURE SKATING　32

Yuma Kagiyama 鍵山優真

もう一段階成長できる
挑戦的なプログラムを

2024年3月、世界選手権で2年ぶり3度目の表彰台に乗った鍵山優真選手。昨シーズンの左足首の怪我を乗り越えて、イタリアの至宝カロリーナ・コストナー（ソチ・オリンピック銅）をコーチに迎えた新体制で臨んだ今シーズン、さらに魅力的なスケーターとなって第一線に返ってきた。グランプリ復帰戦のフランス大会から表彰台に上がり、NHK杯で優勝、グランプリファイナル3位に入り、四大陸選手権ではISU選手権の初タイトルを手にした。世界選手権銀メダルという結果には、「悔しい」が、トップとの差には「絶望していない」と前を向く。まだまだ底知れないポテンシャルをもつトップスケーターに聞いた。

やれることは全部やれた

—— シーズン最後の世界選手権は、ご自身にとって、どんな戦いでしたか。

鍵山　2年ぶりの世界選手権だったので、新鮮な気持ちで試合に臨むことが出来たかなと思っています。比較的落ち着いた気持ちでショートもフリーも臨めたのはいいところだったかなと思っています。

—— 今季、グランプリの復帰戦となったフランス大会から、自然体で試合を楽しんでいるように見えましたが、以前と比べて何か変化はありましたか。

鍵山　今シーズンの最初のころは、そこまで結果を気にせずにやれればいいかなと思っていました。グランプリは自分のやるべきことにしっかり集中できていたと思うんですけど、メンバーがメンバーだったので、上との差を感じて、そこからトップと並んで戦っていけるようにがんばりたいなと思いました。

—— 終わってみれば、フランス大会のメダリスト3人で世界選手権の表彰台を分け合う結果となりました。2人の印象はいかがでしたか。

鍵山　シーズン最初から最後までいい演技をたくさんできる人はそこまでいないと思うんですけど、2人は本当にシーズン序盤から好調をキープしていました。300点を何度も超えたり、4回転を何本も跳んでいてすごいなと思います。フランス大会で一緒になったときも、練習のときからすごく気合も入っていて、演技もグランプリとは思えないような内容や点数だったので、ぼく自身、火がつきました。世界選手権のころには、彼らとしっかり戦える実力を身につけていたいとすごく感じました。

—— あらためまして、2月の四大陸選手権での優勝おめでとうございます。ISU選手権での初のタイトル獲得となりましたね。

鍵山　すごくうれしかったです。ショートもフリーもすごく満足できる演技ができ、そのうえで金メダルが獲れたのは、しっかり目標を達成できた感があって、うれしかったです。

—— 四大陸選手権あたりから気持ちが切り替わったように見えたのですが、勝つことに対してのスイッチが入った瞬間はありましたか。

鍵山　グランプリやファイナルが、自分が思っていたよりもすごく順調にいっていて、そのなかで4回転のフリップ、サルコウ、トウを安定して跳べるようになってきました。持っている武器でしっかり戦えるようになりたいと感じていたので、フリップを新しく投入するうえで、しっかり跳んでいかないと、世界のトップとは戦えないとすごく実感した。そのあたりから、勝ちたいという意識も強くなっていったのかなと思います。

—— 結局は自分との戦いだとは思いますが、フランス大会では「トップと自分の関係がわかった」と話していましたが、この半年でどんなふうに変わりましたか。

鍵山　フランスのときは、すごく距離があるように実際感じていたんですけれども、一生追いつけないっていうほどの気持ちではなかった。ぼくは、空いた1年間の技術と自信を少しずつ取り戻せるという実感があったので、今シーズンのうちに、本当に死ぬほど努力すれば、追いつくんじゃないかなという計画もあった。それがうまくいったのか、いっていないのか、ちょっとわからないですけど、やれることは全部今シーズンやれたのかなと思います。

—— 世界選手権の演技と結果を見ると、その努力を感じたのですが、とくに神経を注いだこと、きつかったことは何ですか。

鍵山　ジャンプの安定性です。確率とか質はいい感じで身についているなと思っていたのですが、ショートやフリーに入れると、気持ちが変わってしまいます。曲のなかに入れて滑るのが難しかった。フリップも今シーズン初めて入れる技だったので、サルコウの1発目を降りないとなかなかフリップは跳べない。絶対的に安定したサルコウを跳ぶのが少し難しかったです。

楽しんでシーズンを過ごすことができた

—— 復帰してからの試合は楽しかったですか。

鍵山　楽しかったですね。初戦の木下杯から、三浦（佳生）選手と（佐藤）駿と一緒に滑ることができました。そのときも、2人との差を感じてしまったのですが、試合自体はすごく楽しくて。またみんなといっしょに滑れるワクワクと、もっともっと実力をつけてみんなと戦いたいなという思いがあったので、楽しんでシーズンを過ごすことができたんじゃないかなと思います。

—— その楽しい気持ちは、来シーズンにも持ち続けられそうですか。

鍵山　楽しめるとは思います。でもやっぱり、自分を超えることが一番なので。結果云々よりも、自分の演技や自分の点数を超えるっていうのが一番大事だと思うので、しっかりとやるべきことに集中して、それを踏まえて、スケートを楽しんでやれればいいのかなと思います。

—— 世界選手権で表彰台に乗るのは3

3度目の銀メダルを獲得した鍵山優真。コーチのカロリーナ・コストナーと（2024年世界選手権）Photos ©Nobuaki Tanaka/Shutterz

度目ですが、3回とも乗っている顔ぶれが違っています。周囲が入れ替わるなか、トップシーンで戦い続けている自分の頑張りについて、思うところはありますか。

鍵山　ジュニアのころからそうですけど、うまくいかなくても、1日1日の積み重ねがすごく大事だと感じています。日頃の小さな積み重ねが、いつか大きく花開くときは絶対来る。それを信じながら、日々練習しているので、それがいい結果につながる理由かなと自分では思っています。

――　ちなみに、1回目がネイサン・チェンさんと羽生結弦さん、2回目が宇野昌磨さんとヴィンセント・ジョウさん、そして

今回3回目がイリア・マリニンさんとアダム・シャオイムファさんです。とくに印象に残っている表彰台をあげるとすれば？

鍵山　それぞれが自分のなかで、すごく大切な試合ですし、いろいろな思い出があります。でも一番は、やっぱり初めての世界選手権。自分のなかで、大きく変われた試合の1つであり、成長できた試合だったと思います。

――　「変われた」というのは、自信を得られたという点でしょうか。

鍵山　世界選手権には3回出ていますけど、初めての試合が一番楽しく滑れたんじゃないかな。何も考えずにというか、

とにかく新鮮な気持ちで臨めていたので、結果よりも自分がここで滑れる喜びや自分の存在感をアピールしたいなとワクワクした気持ちで滑れた印象がすごく大きい。

――　世界選手権の後、そのままカナダに残って、振付をされていたそうですが、ローリー・ニコルさんとシーズンの振り返りなどをされましたか。

鍵山　1位との差といいますか、何が足りなかったかをみんなで反省したり、来シーズンに向けて、どんな構成でいけば、少しでも近づけるのかと話し合いました。ジャンプについてはもちろん、4回転をこ

2003年5月5日、横浜生まれ。オリエンタルバイオ／中京大学所属。オリンピック2回出場の父・鍵山正和のもとでスケートを始める。2022年北京オリンピックで銀メダルを獲得。今季はGPフランス大会3位、NHK杯優勝、グランプリファイナル3位、全日本選手権2位、四大陸選手権優勝、世界選手権2位。

れから増やして、高いクオリティでやらなければいけないんですけれども、それ以外だと、スピンのGOEだったり、もっとスケーティングの点数が獲れる部分が一番大事だと言われましたし、とにかく全部の技でプラス5をもらえるようなクオリティでやらなければいけないとお話をいただきました。

── ローリー・ニコルさんとコーチのカロリーナ・コストナーさん、お2人が揃うと、心強いですね。

鍵山 本当にぼく以上にぼくのことを考えてくださり、ぼくの意見もすごく大事にしてくださいます。来季に向けてどうしていきたいかという意見も採り入れてくださって、そこから少しずつ計画を立てているので、すごく心強いチームだなと思います。

── 全日本選手権のとき、コストナーさんが、今年は最初の年だから、明確な目標設定はせずにどこまでやれるかを見ていくシーズンと話していました。カロリーナさんをコーチに迎えて1年やってみて、いかがでしたか。

鍵山 カロリーナ先生とは、今シーズン初めてだったので、ぼく自身も、どんな化学反応が起きるのか全然わからなかったんです。でもスケーティングや表現はもちろんですが、気持ちの面でもすごく支えてくださいました。結果、いい化学反応が起きたと思います。来シーズンも、自分にこれから必要なことだったり、スケーティングはもちろんなのですけど、来シーズンのプログラムもすごく難しいものだと思っているので、新しく表現をするうえで大事なことなどを教えていた

鍵山優真 SPの演技（2024年世界選手権）©Nobuaki Tanaka/Shutterz

だいています。

今シーズンのベストパフォーマンス

── あらためて今シーズンを振り返ってみて、ベストパフォーマンスだと思うのは、どの大会の演技でしょうか。

鍵山 四大陸選手権と世界選手権じゃないかと思います。ショートは四大陸のほうがすごく良かったと思いますし、フリーはやっぱり世界選手権。やっぱりフリップを初めて降りたこと。あとはすごくお客さまに助けてもらった演技だったので、すごく印象が強いです。

── 逆に、もどかしかった演技は？

鍵山 全日本のショートとかじゃないですかね。やっぱりどの海外試合と比べても、全日本選手権だけは独特の雰囲気があって、すごく緊張するので、全然あの試合だけは楽しめないですね。世界選手権とか四大陸とか、いろいろな選考がかかっていますし、みんながいろいろな目標をもって臨んでいる試合なので、すごく緊張感がある。でもあれを乗り越えたら、もう何でもやれる気がします。（笑）

── もちろん宇野選手をはじめ先輩スケーターもいらっしゃいますが、今シーズン、日本チームにおけるご自身の意識に変化はありますか。

鍵山 自分の立ち位置は、まだまだだと全日本のときは思っていたので、もちろん優勝したい気持ちはありましたけど、それを100％出さずに、とにかくノーミスしたいという気持ちのほうが強かった。みんな優勝を狙える実力やポテンシャルを持っているので、気を引き締めてやりたいなとずっと思っていました。

── では、次のシーズンはどんなところから始めていきたいですか。

鍵山 まだどの試合で何をしたいとか全然決まっていないのですが、初戦からいい点数、いい演技をしていきたいのがいま一番やりたいことかな。

── 新シーズンのプログラムは？

鍵山 フリーはローリー先生に作ってもらいました。ショートはまだ検討中です。

── 鍵山選手は、プログラムの選曲に関して、どのように関わっていますか。

鍵山 いつもどういった系統がやりたいかを聞かれるんですが、ぼくは曲の知識がまだないので、たとえば、世界観を表すプログラムだったり、あとは他の選手の演技を見たりして、この系統のプログラムをやってみたいと希望を伝えて、曲

を探してもらいます。

── いま検討中のショートプログラムでは、また新しいチャレンジも期待できるでしょうか。

鍵山 そうですね。いろいろな選択肢があるので、まだ考え中なんですけど、フリーもすごく挑戦的なプログラムになっているので、楽しみにしていただけたらいいなと思います。早ければ夏頃にお見せできるかな。自分がお見せできるクオリティに仕上げられていればの話ですけど。（笑）本当にすごく難しいプログラムなので、しっかり練習していきたいと思っています。

── 鍵山選手の言う難しいプログラムって、相当難しそうです。

鍵山 今シーズンと変わらないか、それ以上のプログラムなので。もちろんジャンプ構成も上げているので、それも含めて体力的にも技術的にも難しいんですけど、がんばりたい。あれができれば、またもう一段階成長できるのかなって思っているので、楽しみながらプログラムの練習をしたいなって思います。

── オフで楽しみにしていることや、もうすでにオフで楽しんだことなどありますか。

鍵山 とくにはないんですけど、ギリギリ日本の桜を見られたことがよかったです。

── 『ハイキュー!』がお好きだと話していましたが、映画もご覧になりましたか。

鍵山 はい。四大陸選手権のあと、1ヵ月くらい空いていたので、見に行きました。試合の前は結構練習を詰めたりするんですけど、今シーズンは、それ以外は週一でオフを取っているんです。毎日ずっと滑っていると、身体の負担も大きくなってくるので、やっぱり1週間のうち1日はしっかりリセットする日を作っておかないと、と思って作りました。

── そのリズムは、ご自分に合っている感じですか。

鍵山 いままであまり休んだことがなかったので、最初は本当に休んで大丈夫なのかな？という思いがあったんですけど、休んでみると、次の日がすごく身体がすっきりした感じになって、そこからまた上げていく作業がすごく自分にとって、いい計画になっています。

── どうもありがとうございました。来シーズンの演技、楽しみにしております。

（2024年4月中旬に取材）

取材・文：編集部　Text by World Figure Skating

Yuma Kagiyama

三浦佳生

Kao Miura

フィギュアスケーターとして
魅力のある選手になりたい

念願の世界選手権初出場を果たした三浦佳生選手。世界ジュニア選手権、四大陸選手権のタイトルホルダーとして臨んだ今シーズンは、グランプリ初優勝、2年連続グランプリファイナル進出などトップ集団に定着。予期せぬハプニングも持ち前のガッツで乗り越え、初の大舞台へ歩みを進めた2023-2024シーズンを振り返ってもらった。

もっともっと追求したい

—— 先日も神奈川県でリリーカップに出場されていましたが、この時期に大会に出場した目的は何でしたか。

三浦 もう、ただ単純に自分のやりたいことを試す場として、出させていただいたという感じです。4回転ループを締めたかったんですけど、パンクしてしまったのは悔しかったです。でも後半のトウループがダブルに抜けたあと、最後また4回転にチャレンジできたので、結構すっきりしました。

—— 世界選手権が終わったタイミング

念願の世界選手権に初出場した三浦佳生。気迫あふれるフリー「進撃の巨人」の演技（2024年世界選手権） ©Nobuaki Tanaka/Shutterz

で、試合に出たのは、やはり今回の世界選手権の出場は、モチベーションの面で、ご自身をプッシュしてくれるものだったのでしょうか。

三浦　世界選手権の影響でかなり高くなりましたし、もっともっとフィギュアスケートを追求していかないといけないなって感じました。

―― 世界選手権のあと、SNSで「自分の弱さを知れたのが収穫」とコメントしていましたが、あらためて振り返るといかがですか。

三浦　一番の収穫というのは、自分の課題が知れたというところです。課題はめちゃくちゃあるんですけれども、技術面で言えば、年明けから、練習で跳べていたものが本番で跳べない印象があって、自分の思い通りにいかない感じがしているのが最近の悩みです。まずはジャンプを一から見直したいし、新しい4回転をもっと増やしていきたい。それから、体力面では、疲れない身体。4分間やっても疲れないというのもそうなんですけど、普段の練習で通しの練習をやっても、その次の日に同じように練習出来る身体づくりをもう一回やりたいなと思いました。あとは、スケーティングをもっと磨いていきたい。次のシーズンの目標が「フィギュアスケートをする」ということなので。フィギュアスケーターとして魅力のある選手になるために、もっともっとスケーティングを磨いて、ダンスなども習っていきたいなと思っています。

―― 世界選手権に初出場してみて、四大陸選手権やグランプリファイナルとはまた違う大会でしたか。

三浦　世界選手権は全然違いました。まず大会の規模が、他の大会と比べてまったく違います。また、ありがたいことに、最終グループでショートは滑らせていただきましたので、会場が温まりきった後というか、すごい盛り上がりを見せていたので、そういった舞台で滑れたというのは自分のなかで経験になりました。

―― 「フィギュアスケートをする」という目標は、いつごろからわいてきたのでしょうか。

三浦　今年の世界選手権を見ていて、イリア・マリニン選手が4回転をバンバン跳んで、とんでもない点数を出していたり、アダム・シャオイムファ選手がショートの順位（19位）からかなり大きく追い上げて表彰台にのぼったりとか、すごかった。2人ともぼくのなかで、好きなスケーターなんですけれども、この2人とはまた違うスケートを見せたいなと思ったとき、やっぱり正統派のスケートをするのが、自分が2人と差別化を図るためには必要なのかなって、思いました。自分が見ていて一番惹かれるスケートがそういうスケートなので、そういう演技を自分もしたいなと。曲選びも振付もいろいろなものを見直す必要があると思います。

―― 次のシーズンも、ブノワ・リショーさんとシェイリーン・ボーンさんに振付をお願いしようと思った理由は？

三浦　ショートのブノワさんのほうは、今シーズン、すごくPCS（演技構成点）の面では安定したスコアを出すことができました。難しい複雑な要素がプログラムのなかに散りばめられていて、かつプログラムにストーリー性があるというところが自分はすごく好きだったので、来シーズンも継続させていただくことになりま

した。フリーのシェイリーン・ボーンさんは、振付をやっていて、瞬時に出てくるアイディアの引き出しがとんでもない数ある。ちょっとしっくりこないなと感じたとき、自分が言う前に、もうシェイリーンさんがチェンジして、これはどう？　って、どんどんアイディアを出してくれるのがすごいので、またお願いしました。

―― モントリオールの世界選手権のエキシビションには、エルヴィス・ストイコ（1994、1998年オリンピック銀）やパトリック・チャン（2014年オリンピック銀）など、カナダのレジェンドたちも出演していましたが、ご覧になりましたか。

三浦　会場では見ていなかったんですけど、動画で見ました。やはりスケートの質というか、ディープエッジに乗って滑るというのは、パトリック・チャン選手は健在でした。もっと前の世代のストイコさんは、滑っているだけで、それこそ感動しました。彼のトリプルアクセルが好きでした。ぼくがたぶん物心がついてから初めて見たスケーターの1人なんです。

―― 昨シーズン、スケートカナダのアンバサダーを務めていたストイコさんに取材した際、三浦選手について「カオはいままでのレジェンドとはまた違った方法でスターになっていくだろう」と話していました。

三浦　それは知りませんでした。すごいうれしいです。

―― 1年前に三浦選手にインタビューした際に、アダム・シャオイムファ選手が勢いがあると話していました。すごく観察眼が鋭いと思うのですが、普段スケーターのどんなところをご覧になっていますか。その目はご自身に対しても向けられていますか。

三浦　自分の滑りもみんなの滑りも、自分はよく見るタイプです。アダム選手については、これは絶対来るでしょ、と思っていました。ブレイクする前から、身体の土台やパワーがあった。ジャンプがはまってくれば、絶対トップに行く選手だったので、カチっとはまって、バーンと上がっていった。自分はそれに比べると、やっぱり土台が頼りないので、土台作りをもっともっと丁寧にやっていきたいと思います。

1日1日を充実させたい

―― 今季のベストパフォーマンスはどの大会ですか。

木下トロフィーでの演技　©World Figure Skating/Shinshokan

三浦 結構真面目な話をしてしまうと、たぶん8月の木下杯がいちばんよかったと思うんです。ということは、残りの大会で成長できていないということになるので、そこはすごく悔しいというか、課題です。

── あのとき、木下杯、げんさんサマーカップと試合をはしごしていましたが。

三浦 疲れているはずだったんですけど。（笑）難しい。よくわからないです。

── 三浦選手はできるだけ試合に出て、調整していきたいタイプですか。

三浦 試合もですけど、アイスショーも含めてお客さまの前で滑る環境をつねに継続して、どこかしらで滑っていって数をこなしていきたいというのが、わりとぼくのスタンスかなとイメージしています。アイスショーは、もちろんお客さまに楽しんでいただくのが第一とは思うんですけど、自分は競技のプログラムでも、ショーのプログラムでも、滑って見てもらうことは変わりありません。見てもらう感覚がなくなってしまったときに、いきなり滑るとぼくは緊張してがちがちになってしまうタイプなので、つねにいいパフォーマンスをし続けるためにも、つねに滑っていたいんです。

── 今シーズン、いちばん大変だった試合や辛かった時期をあげると？

三浦 すごくざっくりになってしまうんですが、全日本の後からのシーズン後半戦は基本的にフリーがうまくはまらなくて、残念だった印象はあります。

── 全日本選手権は外側から見ていると、かなり緊張感の高い試合でしたが、選手のみなさんはいかがでしたか。

三浦 中で戦っているほうも、もうやりたくないっていうほど緊張していました。全日本は、フリーはサルコウのステップアウトが1個ありましたが、いちばんガッツのある試合だったかなと思っています。あの試合はファイナルからの体調不良が継続していて、フルに練習できていたときと比べれば、やはり落ちていた。でもそのなかで、後半にあれだけのガッツを見せられたのは、自分のなかでも結構熱かったなと思っています。

── 今シーズンの目標の1つに、全日本でいいパフォーマンスをして世界選手権の代表になることをあげていましたが、その点ではいい経験だったのでは？

三浦 表彰台を目指してやっていたので、全日本が終わった直後はやっぱり悔

世界選手権で総合8位になった三浦佳生　©Nobuaki Tanaka/Shutterz

しかったんですけれども、自分のパフォーマンスはやりきったので、悔いはなかったです。世界選手権の切符もしっかりつかむことができて、すごく満足のいく全日本でした。

── 4月に明治大学に入学されて、おめでとうございます。

三浦 ありがとうございます。

── 大学生になって、変わったことはありますか。

三浦 とくに何か変わったことはないですけど、単位だけは落とさないように、楽しく大学へ行って、練習もいまより上げて練習して、がんばっていこうと思っています。

── 明治大学の先輩になる佐藤駿選手から何か大学生活のアドバイスなどは？

三浦 単位を落とさないためのコツとか教えてもらったりしています。（笑）

── このあとショーや振付など忙しいと思いますが、この夏一番重視していきたいことは何ですか。

三浦 スケーティングスキルから表現面まで、PCSの項目を全体的にやっていき

たいというのがまず1番にあります。スケートが安定してくると、たぶんジャンプも自然と乗っている位置がわかるようになって、少しずつ良くなっていくと思うので、そこに期待をしています。

── 今後は、スケートのために趣味のゲームの時間を減らしていくと世界選手権の試合後の共同取材で話していましたが、リラックスのために考えていることはありますか。

三浦 ゲームはもちろん大好きなんですけど、ゲームをしている時間がもったいなく感じたりもするので、だったらまだ外で遊ぶほうがいまはいいかなと思っています。ひとりでいるのも好きなので、どこか景色のいいところに行って、リラックスしたり。あとは仮眠をとるとか、スケートだけではなく、1日1日を充実させて、もっとQOLを上げていくようなかたちでやっていきたいと思っています。

── ありがとうございました。来シーズンの活躍を楽しみにしています。

（2024年4月中旬に取材）

取材・文：編集部 Text by World Figure Skating

ーISU世界ジュニア選手権2024

逆転で掴んだ2度目の栄冠

SP2位から日本初の大会連覇を達成した島田麻央。
フリー「Benedictus」 Mao Shimada (JPN)
©Nobuaki Tanaka/Shutterz

初めての世界ジュニア選手権でメダルを獲得した
3位の上薗恋奈。フリー「Pray／Mechanisms」
Rena Uezono (JPN) ©Nobuaki Tanaka/Shutterz

2月28日〜3月3日、世界ジュニア選手権が台湾・台北アリーナで開催された。
ディフェンディング・チャンピオンの島田麻央がタイトルを守り日本初の2連覇！　初出場の中田璃士が2位、上薗恋奈が3位に入り、若き才能たちが躍動した。

文：編集部　Texts by World Figure Skating

SP「レッド・ヴァイオリン」で3位につけた櫛田育良（総合5位）
Ikura Kushida (JPN) ©Nobuaki Tanaka / Shutterz

3年連続2位のシン・ジア（韓国）Jia Shin (KOR)
右：SP後のキス・アンド・クライにて自己ベストでの1
位を喜ぶジア。チ・ヒョンジュン（右）、キム・ジンソ両
コーチと　Jia with her coaches Hyunjung Chi
and Jinseo Kim. Photos ©Nobuaki Tanaka / Shutterz

島田麻央、日本勢初の大会連覇

　女子では、島田麻央が大会2連覇を達成した。SP「Americano」では、すべてのエレメンツを完成度高く実施して加点を積み上げ、72.60点。納得の演技内容だったが、自己ベストにあと一歩届かず、トップと0.88点差の2位発進に、「もっとできることがあったのかな」とわずかに悔しさをにじませた。

　フリー「Benedictus」は、今季のジュニアGPファイナルで日本女子として初めて3アクセルと4トウを成功させた、今季最高難度のプログラム。しかし、冒頭で3アクセルの着氷が乱れた。「次失敗したらあとがないと思っていたので、思い切りやるしかない」と、自らを追い込んでもう一度大きく跳びあがった島田。渾身の4トウは出来栄えで2.31

点のGOEがつく完璧な出来で決まった。大技2本をはじめ、プログラムを通して高難度の技が続く4分間。「1本目で失敗すると、（ジャンプが）あと6本あるのでメンタル的には少しきてしまうんですけど、それでほかを失敗するような練習はしてきてないと思ってがんばりました」と、集中を切らすことなくジャンプを次々成功させ、フィニッシュポーズは笑顔で天を仰いだ。フリー145.76点、合計218.36点。今季3度目の逆転優勝で連覇を達成した。今季、島田はすべての試合で3アクセルを降りた。回転不足や着氷が乱れることはあっても、転倒は一度もしなかった。その3アクセルにミスが出たなか、

これまでの練習を信じて掴んだ逆転勝利を、「2連覇したこともももちろんうれしいですが、今シーズン失敗していなかったアクセルでミスがあったあと、4回転トウループでしっかり切り替えられて、成功できたところがいちばん自分をほめたいところ」と満足げに振り返った。ジュニアでは未だ負け知らずのチャンピオンは、大会最終日のエキシビションで「Champion」の楽曲に乗せて勝利の舞を披露した。

　2位は、これが3つ目の銀メダルとなった韓国のシン・ジア。SPではパーフェクトな演技で73.48点を獲得してトップに立った。フリーでも最後のスピンでバランスを崩してしまった以外

韓国男子初のチャンピオンになったソ・ミンギュ（韓国）　Minkyu Seo (KOR)　©Nobuaki Tanaka / Shutterz

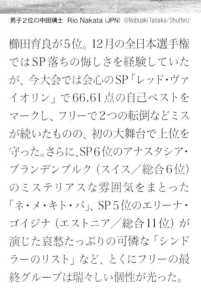

男子2位の中田璃士　Rio Nakata (JPN)　©Nobuaki Tanaka / Shutterz

は大きなミスなくまとめ、フリー138.95点、合計212.43点。技術の安定感はさることながら、たおやかな身のこなしや大人びた表情で観客を魅了し、演技構成点ではSP、フリーを通して全体のトップをマークした。「3つめの銀メダルを誇らしく思います。今シーズンは試合も多かったので、たくさんの経験が私を成長させてくれました。3度目ですが、今回の世界ジュニアがいちばん印象的でした」。

3位にはジュニア1年目、13歳の上薗恋奈が入った。SPでは3フリップ＋3トウで転倒してしまい61.96点の8位スタート。トップ3までおよそ5点差と、表彰台を射程距離に入れて迎えたフリーを完璧に滑り切り、フリー132.74点、合計194.70点で表彰台まで駆け上がった。ジュニアGPファイナルに続いて大舞台で結果を残し、センセーショナルなジュニアデビューシーズンを締めくくった。

フィンランドのイーダ・カルフネンは、昨季の26位からジャンプアップの4位。

櫛田育良が5位。12月の全日本選手権ではSP落ちの悔しさを経験していたが、今大会では会心のSP「レッド・ヴァイオリン」で66.61点の自己ベストをマークし、フリーで2つの転倒などミスが続いたものの、初の大舞台で上位を守った。さらに、SP6位のアナスタシア・ブランデンブルク（スイス／総合6位）のミステリアスな雰囲気をまとめた「ネ・メ・キト・パ」、SP5位のエリーナ・ゴイジナ（エストニア／総合11位）が演じた哀愁たっぷりの可憐な「シンドラーのリスト」など、とくにフリーの最終グループは瑞々しい個性が光った。

韓国男子が初タイトル

男子では、韓国のソ・ミンギュが初出場初優勝した。韓国勢としては2006年のキム・ヨナ以来で、韓国の男子選手としては初めて。SPで首位に立つと、フリーでは冒頭の3アクセル＋2トウを決めたあと、2本目の3アクセルが1回転半になったが、高い演技構成点に支えられ、2位の中田璃士を1.44点差で振り切った。「フィギュアスケート

男子3位のアダム・ハガラ（スロバキア）
Adam Hagara (SVK)
©Nobuaki Tanaka / Shutterz

男子4位の中村俊介　Shunsuke Nakamura (JPN)
©Nobuaki Tanaka / Shutterz

アイスダンス2位のエリザベス・トカチェンコ＆アレクセイ・キリアコフ（イスラエル）
Elizabeth Tkachenko and Alexei Kiliakov (ISR) ©Nobuaki Tanaka/Shutterz

アイスダンス1位のレア・ネセット＆アルチョム・マルケロフ（アメリカ）
Leah Neset and Artem Markelov (USA) ©Nobuaki Tanaka/Shutterz

はジャンプだけではありません。この結果はぼくが表現面に注いできた努力が報われたということだと思います」。

世界選手権3位のキム・チェヨンらを指導するチェ・ヒョンギョンに師事する15歳。今季の2つのプログラムはソチ銀のパトリック・チャンの振付だ。屈指のスケーティング巧者から指導を受け、滑らかな滑りでとびきりドラマチックな「ノートルダム・ド・パリ」を演じ切った。

ジュニアGPファイナル優勝の中田璃士が2位。自己ベストを出したSPで5位につけると、得意のフリー「007」で3つ順位を上げて、初出場初メダルを獲得した。1本目の4トウで着氷が乱れた以外は、2本の3アクセルの完成度、スピンのレベルもきっちり揃え、

フリーだけならトップの151.71点をマーク。合計229.31点を獲得して力を示した。

3位のアダム・ハガラはスロバキアに初めてISU選手権のメダルを持ち帰った。ジュニアGPファイナルと今大会で3位、ユースオリンピックで2位に入り、シーズンを通して安定した強さを証明。メダリスト会見では、このあとさらに世界選手権へ向かうハガラへ、仲のいい友人である中田から「アダム、世界選手権での幸運を祈ってるよ」と、英語でエールを送る場面もあった。

4位は中村俊介。SPの3アクセルで転倒し10位からのスタートになったが、中1日で迎えたフリーで意地を見せた。2本跳んだ3アクセルのうち1本は転倒したが、4トウの成功をはじめ、気迫を前面に出した滑りで合計215.46点。6人抜きの4位まで追い上げた。SP2位のフランソワ・ピト（フランス）が5位、韓国のイ・ジェクンが6位。初出場の垣内珀琉は17位。とくにフリーでは4トウの挑戦や、キレのあるダンスで観客を沸かせて見せ場を作った。

ペアは、ジョージアのメテルキナ＆ベルラワが179.32点で初優勝。昨春に結成以来、ジュニアとシニアの両方で活躍する2人は、ジュニアでは無敗、シニアでもヨーロッパ選手権で2位に入っている。ベルラワにとっては2022年大会以来2度目の優勝。2位と3位はアメリカのフローレス＆ワン、ウィリアムズ＆ロア。

アイスダンスでも、アメリカのネセット＆マルケロフが合計169.76点で初勝利し、今季の国際大会全勝を達成。イスラエルのトカチェンコ＆キリアコフが2位、ドイツのグリム＆サビツキーが3位で初メダルを手にし、ジュニアGPファイナルと同じメンバー、同じ順番で表彰台へ上がった。　　　■

ペア2位のオリビア・フローレス＆リューク・ワン（アメリカ）
Olivia Flores and Luke Wang (USA) ©Nobuaki Tanaka/Shutterz

ペア3位のナオミ・ウィリアムズ＆ラクラン・ロア（アメリカ）
Naomi Williams and Lachlan Lewer (USA) ©Nobuaki Tanaka/Shutterz

ペア1位のアナスタシア・メテルキナ＆ルカ・ベルラワ（ジョージア）
Anastasiia Metelkina and Luka Berulava (GEO) ©Nobuaki Tanaka/Shutterz

ISU World Junior Championships 2024

Photos ©Nobuaki Tanaka / Shutterz

男子7位のアルレ・レバンディ（エストニア）Arlet Levandi (EST)

女子6位のアナスタシア・ブランデンブルク（スイス）
Anastasia Brandenburg (SUI)

女子15位のキム・ユソン（韓国）
Yuseong Kim (KOR)

女子23位のツァイ・ユーフェン（チャイニーズ
タイペイ）Yu-Feng Tsai (TPE)

アイスダンス3位のダリア・グリム＆ミハイル・サビツキー（ドイツ）
Darya Grimm and Michail Savitskiy (GER)

男子5位のフランソワ・ビト（フランス）Francois Pitot (FRA)

男子6位のイ・ジェクン（韓国）Jaekeun Lee (KOR)

女子4位のイーダ・カルフネン（フィンランド）Iida Karhunen (FIN)

女子16位のキム・ユジェ（韓国）
Yujae Kim (KOR)

男子15位のアンソニー・パラディ（カナダ）
Anthony Paradis (CAN)

男子22位のマチアス・リンドフォース
（フィンランド）Matias Lindfors (FIN)

女子11位のエリーナ・ゴイジナ（エストニア）Elina Goidina (EST)
左：男子24位のデニス・クロウグロブ（ベルギー）Denis Krouglov (BEL)

45 WORLD FIGURE SKATING

©World Figure Skating/Shinshokan

Interview

島田麻央

女子シングル1位

苦しい状況でも
4回転を決められた

Mao Shimada

SP後のキス・アンド・クライにて。
ファンから投げ込まれたハンギョドンと
左：今季苦戦したSP「Americano」でも好演技を披露した
Photos ©Nobuaki Tanaka/Shutterz

2008年10月30日、東京生まれ。木下アカデミー所属。昨季のジュニアデビュー以来、ジュニアの大会は国内外で全戦全勝。今季は、全日本ジュニア選手権3連覇、ジュニアグランプリファイナル、世界ジュニア選手権で2連覇を達成。

—— 2連覇おめでとうございます。

島田 ありがとうございます。1日明けて、より実感が湧いてきてすごくうれしい気持ちです。

—— 今シーズンは多くの大会で連覇を達成してこられましたが、とくに達成感の大きかったのはどの試合ですか。

島田 いちばんうれしかったのは今大会です。やっぱりフリーで3アクセルを失敗してしまって、苦しい状況でも4回転を決めて2連覇することができたので、いちばん今回がうれしかったです。

—— 逆に、シーズンのなかで、ここは苦しんだという部分はありますか？

島田 とくにショートはシーズン中盤に苦しみました。アクセルと4回転もなかなか練習ではまらないときがあって、そういうところが苦しんだかなと思います。

—— 大変なときの自分の引き上げ方は？

島田 1回できていたので、絶対にもう1回できるようになると思って練習しています。

—— 練習がいやになってしまうことはないですか。

島田 いやだとは思わないんですが、跳べなかったりしたら、ちょっと辛いなと思うときはたまにあります。でも、練習に行きたくないとか、いやだなと思ったことはないです。

—— 1度も？

島田 ないと思います。

—— 今シーズンは、大会ごとに結果、いい演技を出し続けていますが、そのなかでどうやって目標を作っていますか。

島田 やっぱり前の試合より何か1つうまく、よくなっていたらいいなと思っています。毎回、試合のあとにどこをもっと直したほうがいいかを先生に教えてもらって、そこを練習して、どんどんよくなっていけたらいいなと思っています。

—— 小さな目標を作って1つ1つクリアしていく感じでしょうか。

島田 大きい目標だと達成が難しいので、小さい目標を1つずつクリアにしていけるようにしています。

—— いま、先生方や、ご家族など周りの方から多くのアドバイスをもらうと思うのですが、自分に合う助言をどう選んでいますか。

島田 先生に言われて、そうじゃないだろうなと思うことはあまりないんですけど、まずはやってみます。練習ではとにかくやってみて、本番前になったら最後は自分なので、自分を信じるために自分が思ったことをやります。

—— では、周りの方に支えられているといちばん感じるのはどんなときですか。

島田 自分がいいときはもちろんサポートしていただけてうれしいんですけど、苦しいときにサポートしていただけることがいちばんうれしいと思っています。

—— 今シーズン、いろんな試合をご覧になったと思いますが、とくに驚いたり、すごいなと思ったりした演技はありますか。

島田 鍵山優真選手のフリープログラムを見て、滑り方や表現がすごいなと思って。振付師さんは同じローリー・ニコルさんなんですけど、全然違うなって思いました。

—— 最後に、サンリオキャラクターのハンギョドンがお好きなんですか。ティッシュケースも使っていますね。

島田 前まではマイメロディが好きだったんですけど、最近ハンギョドンのゆるいキャラにちょっとハマってます。（笑）

（2024年3月2日、世界ジュニア選手権女子フリー翌日に取材）

取材・文：編集部　Text by World Figure Skating

—— 初出場での銅メダル獲得、おめでとうございます。

上薗 ありがとうございます。

—— ジュニアグランプリファイナルに続いて、大舞台でのメダルでした。

上薗 いまでも3位っていうのが信じられないぐらいなんですけど、やっぱり表彰台に乗ってすごくうれしかったですし、またがんばりたいなと思える時間でした。

—— SPでは悔しいミスもあり、8位スタートでしたが、SP後はメダルのことは頭にありましたか。

上薗 自分は順位のことは考えてなくて。いつもフィギュアスケートの魅力を出せるように、そしてみなさまに感動してもらえるような演技ができるように、って考えているので、メダルは考えてなかったです。

—— 自分を出し切った結果が、メダルというかたちで評価されたことはうれしい？

上薗 はい、うれしいです。

—— フリー後は樋口美穂子先生も涙していらっしゃいましたが、先生からはどんな言葉が？

上薗 「よかったね」って言ってくださいました。

—— 先生の涙を見たときはどんな気持ちでしたか。

上薗 これまで先生の涙を見たこともないですし、コーチなので優しいばかりというわけでもなくて。でも、やっぱりすごく厳しくしてくださっているからこそ、ここまでこられたと思うので、先生の涙は自分もすごくうれしかっ

Interview *Rena Uezono*

上薗恋奈
女子シングル3位

先生の涙が
うれしかった

2010年6月7日、愛知生まれ。LYS所属。今季ジュニアデビューし、全日本ジュニア選手権3位、ジュニアGPファイナル3位、全日本選手権4位、世界ジュニア選手権3位と一気に頭角を現した13歳。

フリー後のキス・アンド・クライにて。渾身の演技で樋口美穂子コーチ（右）の涙を誘った ©Nobuaki Tanaka/Shutterz

たです。

—— 樋口先生とはいまどの部分に力を入れて練習していますか。

上薗 いまは3回転＋3回転までしかジャンプは入れていないので、そこを完璧にやって、でもジャンプだけではなく、スピンやスケーティングを重視してレッスンしていただいています。それを自分でも復習して、もっともっといいプログラムにできるようにと思っていました。

—— シーズンを通して、表現面でも難しいプログラムを完成されましたが、最初に今季のプログラムをもらったときはどう思いました？

上薗 曲はすごく最初から気に入っていました。大好きなプログラムだからこそ、難しかったんですけど、挑戦できたんじゃないかなと思っています。

—— いま練習ではどんなときがいちばん楽しいですか。

上薗 先生の振付が大好きなので、「この曲が好き」って思うと、その振付が楽しみになります。先生と一緒に振付をやるのがいちばん好きです。

—— 今シーズンはジュニアの1年目でジュニアグランプリファイナルと世界ジュニア選手権で表彰台に乗る結果を出して、この後挑戦してみたいことや、オフシーズンに向けて考えていることはありますか。

上薗 また新しいプログラムも始まっていくと思うので、そこでの表現だったり、スケーティングをもっともっと磨いていけるようにオフシーズンを過ごしたいなと思っています。

—— クレヨンしんちゃんがお好きなんですか。

上薗 はい。小学生ぐらいから好きなんですけど、面白くてかわいいところが好きです。

（2024年3月2日、世界ジュニア選手権女子フリー翌日に取材）

取材・文：編集部 Text by World Figure Skating

クールなトーンから大胆な転調を迎えるSP「New Moon ／ F For You」を踊りこなした ©Nobuaki Tanaka/Shutterz

Interview

櫛田育良

女子シングル５位

この舞台で演技できたことに感謝

©World Figure Skating/Shinshokan

フリー後の
キス・アンド・クライで村元小月コーチと
©Nobuaki Tanaka/Shutterz

フリー「The Little Prince」©Nobuaki Tanaka/Shutterz

2007年10月29日、愛知生まれ。木下アカデミー所属。ジュニア３年目の今季は、ジュニアGP２戦で４位、全日本ジュニア選手権２位で初メダルを獲得。世界ジュニア選手権は初出場５位。

── 目標の１つに掲げていた初めての世界ジュニア選手権が終わりましたが、どんな経験でしたか。

櫛田 少し悔しい気持ちが残る結果となってしまったんですが、初めての大きな舞台で演技できたことがとてもうれしいですし、とてもいい経験をさせてもらったなと思います。

── 最後までファイティングスピリットあふれる演技でしたが、自分を褒めたいと思うところは？

櫛田 ショートでは少しトラウマがあったんですけど、うまく大きなミスなくまとめられたところがよかったと思っています。フリーはミスが出てしまって、演技中に少し引きずってしまったんですけど、諦めずに最後まで滑り切って表現しきれたところがよかったと思います。

── 12月の全日本選手権では、「トラウマ」とも話していたSP落ちという悔しい経験もありましたが、そのなかでも世界ジュニア選手権出場が決まったときはどんな気持ちでしたか。

櫛田 全日本の後、世界ジュニアの出場が決まったときは全然知らなくて。出場を聞いたときも全然信じられてなかったんですけど、こうやってここまで来られて、この舞台で演技をできたことに感謝しています。

── 今シーズンを振り返って、とくに印象に残っている試合はありますか。

櫛田 全日本ジュニアではとてもいい演技ができて、印象に残っているんですけど、全日本選手権ではショートでミスが出てしまい、とても悔しい結果となって、自分でももっとがんばらないと、っていう気持ちがいままで以上に出た試合だったと思います。

── 全日本選手権のあと、インターハイ、世界ジュニア選手権とSPをがんばれたことで、失敗を忘れられたり、上書きできたりということはないですか。

櫛田 まだ完全に忘れ切っているわけではないんですが、全日本のあとの国内大会や、今回の試合でいい演技ができたので、少しまた自信を持てるようになってきました。

── シーズンを通してメダルを争う試合も多かったと思いますが、いま競技会での結果に対してはどんなふうに感じていますか。

櫛田 ショートでいい演技をすると、メダルが獲れるのではないかと思ってしまって、フリーで少しミスが出てしまう試合が多かったと思います。来シーズンはそこもうまく調整して、ショート、フリー両方揃えられるようにがんばりたいです。

── 来シーズンに向けて考えていることはありますか。

櫛田 来シーズンは、試合でいえば、ジュニアグランプリファイナルまで出場することと、また世界ジュニアに出場することが目標です。

── 今季、国際大会にたくさん出場して、お友だちはできました？

櫛田 たくさんできました。いちばん連絡をとってるのは、ジュニアグランプリのアルメニア大会で会った韓国の（パク・）ウンビさん。あとモンゴルのミシェル（・オットンバータル）さんとか、オーストラリアのハナ（・バース）さんとも仲良くなりました。

── コミュニケーションは英語で？

櫛田 英語と、わかんなかったらグーグルトランスを使います。（笑）

（2024年3月2日、世界ジュニア選手権女子フリー翌日に取材）

取材・文：編集部 Text by World Figure Skating

―― 銀メダルおめでとうございます。

中田 ありがとうございます。やっぱり目指していた1位は獲れなかったので悔しい部分もあるんですけど、この大舞台に来ることや、ユースオリンピックもジュニアグランプリファイナルも、自分1人で行くことはできなかったので、いままで支えてくれた方々に感謝をしたいなと思います。

―― 演技内容については？

中田 ショートをまとめたことはすごくよかったと思うんですけど、スピンで手を着くミスだったり、あとは3フリップ＋3トウでトウの着氷が詰まったり、そういったところで今回優勝できなかったのかなと思います。

―― ジュニアグランプリファイナルでは逆転優勝、今回もSP5位から1位と僅差の2位まで追い上げました。

中田 毎回ショートのあとは10点差ぐらいを追うことが多いので、来シーズンはショートでもいい演技をして、逃げ切ることをしたいです。

―― 今季はジュニアのトップのなかで過ごすシーズンでしたが、振り返っていかがですか。

中田 シーズンの最初に目標を決めるんですけど、たとえば今シーズンだったらファイナルに行くことが最初の目標でした。そこに到達すると、「できた！じゃあ、もういいや」となっちゃうことも多くて。3年前の全日本ジュニアでも、直前の全日本ノービスで優勝するのが目標で、優勝したからもういいやと思っていたら失敗してしまった。そういった部分で気が抜けることが多いので、来シーズンは全日本選手権で6番以内に入ることと、世界ジュニアで優勝するのが目標で、1回も集中を崩さないでいきたいと思います。

―― 今季はジュニアグランプリファイナルのあとに集中が切れてしまった？

中田 やっぱファイナルで優勝して、なんか1番になったからもういいのかなって。それで、めっちゃ気楽にいった全日本も、フリーに進めればいいやって思っていたら、フリーに進めたので気が抜けてフリーを失敗したり。ユースも、いま思うと、全然集中してなかったといえばしていなかったのかなと。あの結果になっても、練習を思うと仕方がなかったのかなと思います。

―― いまご自身のなかで、こうしてはっきり反省点がわかっていると、来季はよりうまくいきそうですね。

中田 はい。試合が終わってから、もう中庭先生やパパ（中田誠人コーチ）とも話して、いろいろ変化をすることが大事なので、振付師

仲良しのアダム・ハガラ選手と表彰式で。今季はジュニアGPファイナルでも一緒に表彰台へ上がった ©Nobuaki Tanaka/Shutterz
右：自己ベストを更新したSPの演技 ©Nobuaki Tanaka/Shutterz

も新しい方にお願いすることになりました。

―― もう決まっていますか。

中田 ショートはミーシャ・ジーさんにお願いする予定です。（同じMFアカデミーの青木祐奈ちゃんとかを見て、ミーシャの振付をやりたいなと思っていました。ミーシャからも「何個かリオにぴったりの曲を見つけた」と連絡をもらっていたので。

―― 中田選手は海外にも仲のいい選手が多いですが、大会中にも交流していたフランソワ・ピト選手やアダム・ハガラ選手とはどこで仲良くなったんですか。

中田 まずフランソワはグランプリ1戦目のバンコク大会で仲良くなりました。一緒にファイナル行こうねと言って、本当に行けて。アダムとはグランプリファイナルで一緒にメダルを獲れて、そのあとはユースでも一緒だったので仲良くなって、今回も一緒にメダルを獲ることができました。

―― 普段からメッセージのやりとりも？

中田 ユースで仲良くなったメンバーでグループを作って、それで毎日話してる感じです。スイスの2人（ゲオルギー・パブロフ、オーレリアン・シャルベ）と、あとアメリカのジェイコブ（・サンチェス）と、カナダのデイヴィッド（・リー）、あとはアメリカのペア（ジャレド・マクパイク）とアイスダンス（ディラン・ケイン）の2人も入ってます。

（2024年3月3日、世界ジュニア選手権男子フリー翌日に取材）

取材・文：編集部　Text by World Figure Skating

Interview

中田璃士

男子シングル2位

来季は逃げ切る試合をしたい

Rio Nakata

2008年9月8日、ウェールズ・カーディフ生まれ。TOKIOインカラミ所属。中庭健介、父・中田誠人に師事。今季は、ジュニアGPタイ大会、ジュニアGPファイナルで優勝。全日本ジュニア選手権2位、ユースオリンピック5位、世界ジュニア選手権2位。

©World Figure Skating/Shinshokan

SP「El Conquistador」©Nobuaki Tanaka/Shutterz

Interview

中村俊介

男子シングル4位

うれしさも悔しさも
経験できた

Shunsuke Nakamura

©World Figure Skating/Shinshokan

2005年8月6日、愛知生まれ。木下アカデミー所属。今季は、全日本ジュニア選手権で初優勝。ジュニアGPアルメニア大会2位、全日本選手権14位、世界ジュニア選手権4位。

—— 初めての世界ジュニア選手権はいかがでしたか。

中村 本当にこの1週間でいろんなことを経験できました。緊張もだいぶしましたけど、楽しめましたし、この大きな舞台でうれしい感情とか悔しい感情、いろんな感情を経験できました。新しい考え方を自分のなかでも発見できたので、すごくいい経験になったと思います。

—— フリーでは素晴らしい追い上げでしたが、ご自分のなかでは結果をどう受け止めていますか。

中村 まず順位から考えると、SP10位から4位までというのはだいぶ追い上げられたと思います。いままではショートから落ちることしかなかったので。ショートが悪かったぶん、上がるしかなかったんですけど、そこは成長できたし、うれしかった部分です。ただ、4位というのは、10点差はあるんですけど、3位も見えてはいたのでそこは悔しいです。

—— ジャンプ1本分ですね。

中村 そうですね。アクセル1本分みたいな感じです。

—— これまでのジュニアの4年間で、ス

ケートにより向き合うようになったということでしたが、何かきっかけみたいなものはありましたか。

中村 ジュニアになって最初のほうは、あまり気持ち的に乗らないときや、練習不足のときがだいぶありました。ただ、やっぱり試合にも、練習不足が出てしまうから、それが悔しくなって。2、3年目ぐらいでそれに気づいて、練習していったらどんどん練習が楽しくなってきて、打ち込めるようになりました。

—— 今季からアメリカの樋渡知樹選手も木下アカデミーのリンクで練習していますが、一緒の練習はいかがですか。

中村 ルーカスも澄くん（森口澄士）もカナダに練習に行っちゃったりするので、男子は1人のことも多かったんですけど、トモくんが来てくれて活気というか、すごく練習のムードが明るくなりました。4回転を一緒に練習したりとか、楽しい練習が増えたので、それはすごくいいなと思っています。

—— 四大陸選手権で取材したときに、樋渡選手が中村選手の4トウは素晴らしいと話していました。

中村 本当ですか。一緒に4回転を跳んでくれたりとか、本当に優しくて。やっぱり一緒に練習してくれる仲間がいると、気持ち的にも練習のモチベーションが上がりますし、すごくありがたい存在ですね。

—— 来季はシニアとジュニアどちらで戦うか考えていますか。

中村 昨日、濱田先生とも話しました。今回3位に入ればシニアのグランプリの枠をもらえたので、それが目標だったんですが、4位だったので、シニアの試合に出られないんだったら、ジュニアグランプリにも出られる可能性はあるから……まだちょっとわからないという感じです。

—— ジュニアに残る選択肢も？

中村 可能性も、はい。いまのとこ半々ぐらいです。

—— いまいちばん欲しいのは国際大会での経験？

中村 そうですね。出る試合がないと意味がないので、経験するという意味でもたくさん試合には出たいです。シニアのグランプリに出られないなら、ジュニアグランプリもすごくいい経験になるので出たいですし、まだ迷ってます。

—— 今季、試合で見て、滑りや戦い方がいまの自分に合うんじゃないかと参考になる選手はいましたか。

中村 自分の能力的に、ジャンプだけでは勝てないので、滑りやジャンプ以外の部分で見ると、本当にオールラウンダーな（山本）草太くんとかが、いまの自分の理想です。滑りも、ジャンプもどっちもできるようにしていきたいと思っています。

（2024年3月3日、世界ジュニア選手権男子フリー翌日に取材）

取材・文：編集部　Text by World Figure Skating

©World Figure Skating/Shinshokan

Interview

垣内珀琉
男子シングル17位

広い視野で楽しんで
成長できた1年

2006年4月18日、兵庫生まれ。ひょうご西宮FSC所属。今季はジュニアGPハンガリー大会3位、全日本ジュニア選手権4位、ユースオリンピック7位、世界ジュニア選手権17位。

Haru Kakiuchi

初めての世界ジュニア選手権に臨んだ男子日本代表の3選手
©World Figure Skating/Shinshokan

「昨シーズンとはちがうオレだぜ！」をテーマに演じ切ったフリー ©Nobuaki Tanaka/Shutterz

—— 初めての世界ジュニアはどんなことが得られた大会になりましたか。

垣内 最初はすごく緊張するのかなと思っていたんですけど、ユースオリンピックのときよりも緊張することなく、練習通りにショート、フリーともにできて、世界の大きな試合に出たという印象があまりない、独特な感じでした。この1年を通していろいろ大きな大会に出させていただいて、それの集大成。来年もし出させてもらえる機会があるんだったら、たぶん違う感覚になるとは思うんですけど、今年はそういう感じでした。

—— 今シーズンは新しい経験が多かったと思うのですが、とくに印象に残っている試合はどれですか。

垣内 ジュニアグランプリのハンガリー・ブダペストでの3位です。まさか表彰台に乗れるとは思ってなくて。しかも、1戦目のオーストリア大会のときにショート4位から、フリーで失敗してしまって、2戦目のハンガリー大会でもショートが4位でした。「これはもうやらなきゃ！」ってなっていたので、表彰台に乗ることができて、本当にうれしかった試合でした。

—— ジュニアのトップ選手たちのなかで戦って意識の変化はありましたか。

垣内 1年を通してすごく変わりましたね。緊張していてもうまくできたり、悔しかったあとに1週間で調子を持ってくることだったり、そういうことがすごくできるようになってきて、1年で成長したかなと思います。

—— 今季は練習ノートをつけ始めたとのことでしたが、いまは何を指針にして練習をがんばっていますか。

垣内 前だったら、「がんばろう、がんばろう」と思い過ぎて、視野がすごい狭くなってたんですけど、視野をもっと広くしてみて、いろいろなことを楽しんでやってみようというのをすごく大事にしていたら、ノートをとるのも楽しくて、どんどん増えていって。「楽しい！」が、ぼくのいちばんのモットー。いまは、それがけっこういい感じに出てきてるので、それが大事なのかなと思います。

—— 今シーズンはパフォーマンスを磨くというのを1つ目標にしていましたが、その面ではいかがでしたか。

垣内 すごく磨けたシーズンだと思います。ジャンプの面だったら悔しいシーズンだったんですけど、リンクの閉鎖期間や、捻挫してる間にスピンや、PCSを上げる練習ばっかりやってきたので、そういう面ではすごくよかった1年だったなと、いまでは思います。最初のほうは「これ大丈夫かな？」「ジャンプ戻ってくるのかな？」と思ってたんですけど、いま思えばあの期間はあってよかったなと思います。

—— 最近パフォーマンスの勉強のために見たものはありますか。

垣内 前は宝塚とか見てたんですけど、最近はブレイキンダンスとかムーンウォークをけっこう見ています。体幹とかもすごいですし、かっこいいなと思って、最近はそういうのをけっこう見てます。

—— 来季はジュニアラストシーズンです。ジュニアの期間でやっておきたいことはどんなことがありますか。

垣内 ラストのジュニアなので、トリプルアクセルを来シーズンは絶対決めるというのが目標です。長光先生から、いままでだったら「ジュニアのちっちゃい子」みたいな感じで言われていたんですけど、最近は「ジュニアのお兄さん」と言ってくださるんです。だから、"ジュニアのお兄さん"になるので、お兄さんらしく経験を最後に活かせるように、ジュニアが6年あって、この5年間で学んできたことをすべて6年目に詰め込めたらなと思います。

(2024年3月3日、世界ジュニア選手権男子フリー翌日に取材)

取材・文：編集部 Text by World Figure Skating

©World Figure Skating/Shinshokan

Interview　ペア14位

清水咲衣＆本田ルーカス剛史
1人じゃないから乗り越えられた
Sae Shimizu & Lucas Tsuyoshi Honda

清水は2005年8月10日、大阪生まれ。本田は2002年9月15日、大阪生まれ。木下アカデミー所属。2023年5月結成。デビューシーズンの今季は、全日本ジュニア選手権優勝、世界ジュニア選手権14位。

フリー「ウエスト・サイド・ストーリー」©Nobuaki Tanaka/Shutterz

―― 結成1年目のシーズンを世界ジュニア選手権で締めくくりました。

清水　この大きな大会でショート、フリーを滑り切れてよかったなという気持ちと、次に向けて課題がたくさん見つかったので、さらにステップアップできるんじゃないかと思っています。

本田　シングルと両方やったり、いろいろ大変なことも多かったです。もちろん体力的にも精神的にもきついときもあったので、こうやってシーズンが終わって、よくがんばった

なと自分でも思いました。でも、もっともっとがんばらないとなっていう気持ちもあります。この試合自体で言うと、悔しいところもありますが、清々しい気持ちです。

―― 本田選手はシングルでも2022年の世界ジュニア選手権に出場しています。

本田　ちょっと感慨深いという気持ちもありました。別の競技で戻ってくるとは思わなかったので、面白いなって。両方のカテゴリーで出場できたことはすごくうれしかったです。

―― まったく初めてのところからペアに取り組み始めた1年でしたが、今季のがんばりをどう感じていますか。

清水　本当にたくさん山があって、でもそのたくさんの山を乗り越えてきたからこの舞台にたどり着いたと思います。自分が辛いときは相手も辛いので、相手も同じだと思って、そうやって私は乗り越えてきました。1人ではなかったので。一緒に滑ることで1つの演技ができるので、お互いにいい状態で大会に挑めるようにというのは意識していました。

本田　日本にいるあいだはコーチもいなかっ

たんですけど、ゆなすみペア（長岡柚奈＆森口澄士）やアイスダンスのうたまさ（吉田唄菜＆森田真沙也）と一緒に練習できたので、ぼくたちだけじゃないと思えたのも毎日練習に行くモチベーションになっていました。毎日、一緒にがんばろうって。本当に周りの方々に支えてもらって、なんとか走り抜けられた1年だったかなと思います。

―― お互いの印象に変化は？

清水　本当にたくさん新しい面を見てきました。2人ともコミュニケーションをとりながら2人で1つの演技を作っていく力は身についたんじゃないかな。

本田　これまでお互いシングルしかやってきてなかったので、2人で滑ったり、練習したりするのもたぶん最初は難しかったでしょうし、ぼくも難しかったです。そんななかでもお互いに歩み寄って、1つの目標に向かって一緒に練習できた。感謝するとともに、いい1年だったなって思います。

（2024年3月2日、世界ジュニア選手権大会期間中に取材）

取材・文：編集部　Text by World Figure Skating

―― 初めて国際大会に参加したシーズンでしたが、終わってみていかがですか。

田村　初めての世界ジュニアということもあって、すごく緊張したんですが、全力を出し切れたと思います。

岸本　ジュニアグランプリとはまた違う雰囲気で、いい経験に繋がったと思います。

―― 2022年の結成時から、チームとしての成長はどう感じていますか。

田村　やっぱり2人の動きが少しずつ合ってきている感じはします。コミュニケーションも前よりとるようになってきました。

―― お互いを短く紹介するとしたら？

岸本　すごく返事が早いんですよ！ メールとかLINEとか。さすがです！

田村　返事は早く返した方がいいですから。（笑）彩良ちゃんはいつも明るくて、はつらつですね。

―― 幼いときから明るい子どもでした？

岸本　そうだと思います。小さいころはタイ

で育って、タイでスケートを始めました。

―― 最初からアイスダンスを？

岸本　最初はシングルを始めました。振付の先生たちに「アイスダンスのほうが向いてると思う」と言われて。

田村　私もシングルの先生である大石行康先生が昔ダンスをされていて、それで勧めてもらいました。勧めてもらわなければ、ここに立ってなかったですね。

―― チームにスローガンをつけるとしたら？

岸本　何かある？

田村　「きれいな滑り」ってことで！

―― 小松原美里＆尊組、田中梓沙＆西山真瑚組もモントリオールで練習していますが、日本のシニアチームはどう見えていますか。

岸本　上手で大好きな選手たちなので、一緒に滑れるのがうれしいです。

田村　いますごいですよね。まだ私たちはもう1年ジュニアがあるので、端から面白く見て

います。

―― 来季の目標を教えてください。

田村　来シーズンはもうジュニア最後なので、全力で上を目指してやっていきたいと思っています。

岸本　同じくです！

（2024年3月3日、世界ジュニア選手権フリーダンス翌日に取材）

取材・文：編集部　Text by World Figure Skating

©World Figure Skating/Shinshokan

Interview　アイスダンス12位

岸本彩良＆田村篤彦
スローガンは"きれいな滑り"
Sara Kishimoto & Atsuhiko Tamura

岸本は2007年7月23日、三重生まれ。中京大中京高校所属。田村は2004年1月3日、東京生まれ。西武東伏見FSC所属。2022年結成。今季はジュニアGPに初参戦し、ポーランド大会3位。全日本ジュニア選手権1位、世界ジュニア選手権12位。

RD「Mr.Roboto」©Nobuaki Tanaka/Shutterz

Minkyu Seo

Interview

ソ・ミンギュ

男子シングル1位

パトリック・チャン先生の
滑りに憧れています

2008年10月14日、韓国・テグ生まれ。今季はジュニアGPトルコ大会1位、韓国選手権3位。世界ジュニア選手権で韓国男子として初めて優勝。母キム・ウンジュのもとでスケートを始め、現在はおもにチェ・ヒョンギョンの指導を受ける。

—— 優勝おめでとうございます。

ミンギュ　ありがとうございます。いまもまだ信じられない気持ちです。金メダルが決まったときも、イメージが追いつかないというか、「なんで?」「どうやって?」って。(笑) まだ少し緊張感も残っています。

—— 世界ジュニア選手権優勝は韓国男子としては初めてのことです。ヒストリーメーカーになった気持ちは?

ミンギュ　今回、ぼくは自分自身の歴史を塗り替えると同時に、韓国フィギュアスケート界にとっても新しい1ページを加えることができました。そのことで、いままでよりもっともっとがんばらないといけないと気合が入りました。

—— シーズン全体としては、振り返ってみていかがですか。

ミンギュ　シーズン前半は苦戦した思い出ばかりです。ジュニアグランプリファイナルやユースオリンピックに出場することも叶わなかったし、なかなか成果を得られませんでした。でもハッピーエンディングを迎えることができたので、いまは幸せです。

—— ジュニアグランプリファイナルやユースオリンピックを逃してしまったあと、どうやって気持ちを切り替えましたか。

ミンギュ　ジュニアグランプリファイナルに行けなかったことも、江原のユースオリンピックに出られなかったこともすごく残念でした。だからこそ、絶対に世界ジュニアに出たいと思って、すごく努力してきました。ジャッジやお客さんに、ぼくがどのくらいフィギュアスケートが上手なのか見せたかったし、プログラムやスケーティングスキルも見てもらいたいと思ってがんばりました。

—— 練習でとくに力を入れていたことは?

ミンギュ　公式練習でトリプルアクセルがあまり決まっていなかったので、そこは注意して練習していました。

—— スケーティングスキルも素晴らしいものをお持ちですが、ロールモデルはいますか。

ミンギュ　パトリック・チャン先生のスケーティングスキルに憧れています。

—— 今季のプログラムはパトリックさんご夫妻が振付けていますが、どんなきっかけで作ってもらったんですか。

ミンギュ　カナダに親しい知り合いがいるんですが、その人がパトリック先生とエリザベス先生とも仲がよかったことがきっかけで、カナダへ行ってプログラムをお願いしようということになりました。振付が終わったあとも、スケーティングスキルや芸術面などいろんなことを指導してもらいました。短い期間だったので、また先生のもとへ練習しに行きたかったのですが、その後はテレビ電話やメール、動画でやりとりしていました。

—— どんなアドバイスをもらいましたか。

ミンギュ　アドバイスの大部分はスケーティングスキルについてでした。膝の使い方や、氷を押す力加減などを教えてもらいました。

—— ところで、フィギュアスケートを始めたきっかけは?

ミンギュ　母がコーチをしていたので、家でぼくの面倒を見る人がいなくて、ぼくも一緒にリンクへついて行っていたんです。最初は氷に絵を描いたりしていたんですが、そうしているうちに気がついたら滑るようになっていました。ぼくにとってスケートは遊びの延長で、リンクは遊び場という感じでしたね。

—— フィギュアスケートのどんなところに惹かれますか。

ミンギュ　自分自身を探していけるところです。音楽にのって自分の好きなことを表現できるのは、フィギュアスケートならではだと思います。

—— スケート以外で好きなことは?

ミンギュ　トイプードルの"ヌルンジ"と一緒に遊ぶことです。ヌルンジは韓国語でおこげという意味です。明るいブラウンの仔犬なんですよ。

(2024年3月3日、世界ジュニア選手権男子フリー翌日に取材)

取材・文:編集部　Text by World Figure Skating

パトリック&エリザベス・チャン振付のフリー「ノートルダム・ド・パリ」©Nobuaki Tanaka/Shutterz

日本女子初の金メダルに輝いた島田麻央　Mao
Shimada（JPN）©Nobuaki Tanaka/Shutterz

銅メダルを獲得した髙木謠。メダル決定に思わずガッツポーズ。左は中田誠人コーチ　Yo Takagi (JPN) and her coach Makoto Nakata. ©Nobuaki Tanaka/Shutterz

夢へとつながるそれぞれのメダル

ユースオリンピックが、韓国・江原で開催され、フィギュアスケート競技は1月27日〜2月1日、平昌オリンピックの舞台となった江陵アイスアリーナで行われた。島田麻央が日本女子初となる金メダル、髙木謠が銅メダルを獲得した！

文：編集部　Texts by World Figure Skating

母国開催の大会で銀メダルを獲得したシン・ジア
Jia Shin (KOR) ©Nobuaki Tanaka/Shutterz

男子優勝のキム・ヒョンギョム（韓国）　Hyungyeom Kim (KOR) ©Nobuaki Tanaka/Shutterz

1月30日の女子フリーを観戦するキム・ヨナ。左はIOCのトーマス・バッハ会長　Yuna Kim and president of IOC Thomas Bach (left). ©Nobuaki Tanaka/Shutterz

　羽生結弦がオリンピック2連覇の偉業を達成し、宇野昌磨が初出場銀メダルを獲得──日本中が歓喜に沸いた2018年平昌オリンピックから6年。韓国で、今度は若き才能たちの祭典が開催された。

　ユースオリンピックは4年に1度、15歳から18歳のアスリートたちが集う次世代のための国際総合競技会だ。スポーツ・文化・教育の一体をテーマに、競技はもちろんのこと、選手村での生活や他国、他競技のアスリートたちとの交流など、オリンピアンさながらの経験ができるほか、先輩アスリートから学ぶ教育プログラムも用意され、オリンピックで戦うために必要な経験を一気に積

むことができる場となっている。

　女子は、15歳の島田麻央が念願の金メダルを獲得した。本大会を目標に掲げてシーズンに臨んでいた島田は、思いの大きさから緊張もひとしおだったというが、SP、フリーともトップで合計196.99点を獲得して勝ち切った。「夢の舞台で金メダルをかけることができてうれしい！」。

　16歳の髙木謠が会心のSPで2位発進。メダルをかけたフリーでは、3ルッツが1回転になる痛恨のミスが出たが、気持ちを切り替えて残りの演技をまとめ、銅メダルが決まると喜びと安堵の涙が頬を伝った。

　2位には韓国の15歳、シン・ジアが

入った。女子フリーは、バンクーバー金のキム・ヨナが客席から見守った。途中、スピンの姿勢が認定されずコンビネーションスピンが無得点になる悔しいミスもあったが、丁寧な滑り、伸びやかな舞で地元の観客を喜ばせ、憧れのレジェンドの前で銀メダルを手にした。

　男子では、ジュニアGPファイナル優勝の中田璃士が、ジャンプにミスが相次ぎ、SP13位という波乱の滑り出しとなった。だが、何度も凄まじい巻き返しを見せてきたフリー「007」で、15歳のホープは息を吹き返す。4トウの着氷こそ乱れたが、その後は大きなミスなく、力強く滑り切り、5位まで追い上げた。

　17歳の垣内珀琉は、SPでは切ない世界観へ誘い、ダンサブルなフリーでは観客を躍らせ、今季の目標「パフォーマンス力を上げる」を体現するような2つのプログラムを披露して7位。

　表彰台の真ん中に立ったのは、韓国のキム・ヒョンギョム。2023年世界選手権2位のチャ・ジュンファンらと同じチ・ヒョンジンに師事し、ジュニアGPファイナルで2位に入った17歳。SP3位から地元の期待に応える金メダルを獲得した。2位はスロバキアのアダム・ハガラ、3位はニュージーランドのヤンハオ・リー。

　カップル競技は出場年齢の幅の狭さもあり、ジュニアのなかでもさらにフレッシュなチームが瑞々しい演技を披露した。ペア1位は、合計113.63点でベンキー＆ソービー。これが国際大会2戦目というカナダの14歳と16歳だ。アイスダンスは16歳チームのペリエ・ジャネジニ＆ブランク・クラッペルマン（フランス）が、合計155.35点で金メダル。元日本代表の平井絵己＆マリオン・デ・ラ・アソンションが、ミュリエル・ザズーイらとともに指導している。

　また、2月1日の団体戦は、実際のオリンピックと同じ国別対抗で行われ、韓国、アメリカ、カナダの順で決着した。

男子フリーを応援する島田麻央と髙木謠 ©World Figure Skating/Shinshokan

未来を担うユースオリンピアンたちに聞きました！

各国を代表して集まった若きアスリートたちはどんな思いで祭典を楽しみ、競技に励んでいるのでしょうか。明日のオリンピアンを夢見る選手たちに聞いてきました！　彼らが思うオリンピックでの名演も教えてもらいました。

Japan

島田麻央
女子シングル1位

目標としていた舞台で、これまで言ってはこなかったんですけど、金メダルを目指していたのですごくうれしいですし、仲間の謡ちゃんも一緒に表彰台に乗ることができて、本当にうれしいです。今日はとくに（地元韓国代表のシン・）ジア選手の次の滑走で緊張したんですが、そのなかでもいつも通りの演技ができたので、そこは自分をほめたいですし、ユースオリンピックという一生に一度の舞台を、演技も、ほかの部分でも楽しめたことがよかったなと思います。韓国は憧れていたので、空港についてコンビニを見たときにうわー！ってなりました。（笑）K-POPもいろいろ聴くんですけど、TWICEと、ルセラ（LE SSERAFIM）をよく聴きます。

田中誠人コーチ、濱田美栄コーチと ©Nobuaki Tanaka/Shutterz

髙木 謠
女子シングル3位

演技中にルッツがパンクしてしまったので、これはやばいかなと思ったんですけど、点数を見て3位だと決まって、本当にびっくりで、すごくうれしいです。たくさんのお客さまのなかで表彰式ができて、すごい幸せ者だなと思いました。（昨夏MFアカデミーで一緒に練習していた）ジアちゃんと一緒の表彰台も本当に、本当にすごくうれしいです。ジアちゃんは優しくて、かわいくて。久しぶりに会えたことも、一緒に表彰台に上がれたこともすごくうれしいです。今回3位を獲れたことはすごくうれしいですが、まだまだ足りない部分がたくさんあるので、もっともっと強くなれるようにがんばります。お客さんに笑顔を届けられるようなスケーターになりたいです。

Q. これまでのオリンピックで印象に残っている演技は？
A. 浅田真央さんのソチのフリーの演技です。本当に感動する演技だなと思いますし、自分もこうなりたいなと思います。

中田璃士
男子シングル5位

ショートプログラムでミスをしてしまって、フリーは失敗できないと思っていたので、とても緊張しました。昨日は2時間くらい名言集を見て、絶対にフリーでいい演技をしてやろうと思って過ごしていました。イチロー選手や本田圭佑選手、偉人たちの名言がすごく心に残りました。フリーの演技にはあまり満足しないというか、アクセル2本降りたことはすごくよかったと思うんですけど、まだまだできたので、これからはもっとがんばらないと上にはいけないと、この大会を通して思いました。小さいころから夢見ていた舞台なので、この場所にこられたのはうれしい。でも、ミスしてしまったので、次は"オリンピック"代表に選ばれたら、絶対に今回の経験を克服してやりたいと思います。

Q. これまでのオリンピックで印象に残っている演技は？
A. 2022年のネイサン・チェンのショート、フリーがいちばん印象に残っています。

垣内珀琉
男子シングル7位

ショートのときよりも緊張していたんですけど、やっているうちにどんどん力が抜けて行って、最後は楽しく終われたのでよかったと思います。今日だったら、満足度は100中100でいいと思います。もっとノーミスできた演技もあるかもしれないですが、ぼくのなかではいちばん満足できたので、いまは本当にほっとしています。今回、行く前に坂本花織選手が「がんばって！」と言ってハイタッチしてくださってうれしかったです。県強化（練習）だったので、三原舞依選手や、ほかの選手も応援してくださって、がんばろうって力がめちゃくちゃみなぎりました。坂本選手からは「ユースオリンピックは本当のオリンピックと一緒だから、ぜひいろんなことを経験してきて」と言っていただきました。

Q. これまでのオリンピックで印象に残っている演技は？
A. 羽生結弦選手がここの舞台で金メダルを獲ったときは鮮明に覚えていて、ずっと頭のなかにあります。「SEIMEI」のプログラムです。

Republic of Korea

キム・ヒョンギョム
男子シングル1位

すごく緊張した試合でしたが、最後まで落ち着いてうまくできたので胸がいっぱいです。いまも余韻が残っている感じがします。ショートのときは観客がとても多くてすごく緊張しました。フリーも緊張はしましたが、ショートの経験があったので、ショートのときとはだいぶ違って、落ち着いてできたと思います。メダルのことは考えずに、クリーンな演技がしたいと思って演技に臨みました。

シン・ジア
女子シングル2位

自国開催の大会でメダルを獲ることができたのでとてもうれしいですし、このメダルを獲ったことでまたもっとがんばれると思います。プレッシャーがまったくなかったわけではないけれど、それでもプレッシャーを乗り越えることができたら私自身もっと成長できると思うので、最後までプレッシャーに負けずに踏ん張れたと思います。（昨夏MFアカデミーで）一緒に練習した謠ちゃんとここでまた会えて楽しかったですし、また一緒にがんばることができたと思います。

キム・ジニ＆イ・ナム
アイスダンス4位

●ジニ　じつは演技前は少し緊張していたんですが、韓国のお客さんたちがたくさん応援してくれていたので、おかげで気分が上向きになって、すごく楽しめました。平昌オリンピックはすごく思い出に残っています。テッサ＆スコットのフリーもよかったし、パパダキス＆シゼロンのフリーも最高でした。それから、羽生結弦の「SEIMEI」も素晴らしかったことを覚えています。
●ナム　これほど大きな大会に出るのは初めての経験だったので、たくさんのファンの方たちが声援を送ってくれてすごくワクワクしました。平昌オリンピックのときのテッサ・ヴァーチュー＆スコット・モイアのフリーダンス「ムーラン・ルージュ」は忘れられないプログラムです。

大会を盛り上げた日韓の女子選手たち、（左から）キム・ジニ、キム・ユソン、シン・ジア、髙木謠、島田麻央 ©Nobuaki Tanaka/Shutterz

Great Britain

アシュリー・スラッター＆アトル・オンガイ＝ペレス
アイスダンス3位

●アシュリー　RDで7位になってしまったあと、2人でまたベストを尽くそうと思い至って、今日はそれを実行できたと思います。私たちは、私が2歳のときに一緒にスケートを始めて、チームを結成してからは8年です。
Q. これまでのオリンピックで印象に残っている演技は？
A. テッサ・ヴァーチュー＆スコット・モイアの平昌オリンピックのフリー！
●アトル　ぼくの夢は、ぼくらのダンスでみんなに幸せを感じてもらうことです。もちろんオリンピック・チャンピオンになることは素晴らしいけれど、ぼくはそれよりもぼくらの演技を人々に愛してもらい、この競技をより多くの人により深く知ってもらえたらいいなと思っています。ぼくは半分メキシコ人の血を引いていて、名前のアトルはメキシコシティの先住民の言葉で水を意味します。

Q. これまでのオリンピックで印象に残っている演技は？
A. 2002年ソルトレイクシティのマリーナ・アニシナ＆グウェンダル・ペイゼラのフリーダンスです。

Slovakia

アダム・ハガラ
男子シングル2位

最高のイベントです！　出ていくだけですでに楽しい。素晴らしいファンのみなさんがぼくらの滑りを応援してくれて、リンクの雰囲気も氷もすごく気に入っています。

Q. これまでのオリンピックで印象に残っている演技は？

A. 2018年の羽生結弦のSPと、2022年のネイサン・チェンのSPとフリーです。2人はぼくのアイドルでロールモデル。ハビエル・フェルナンデスも好きだし、もっと上の世代だとブライアン・オーサーにも憧れます。

©Nobuaki Tanaka/Shutterz

United States of America

ジェイコブ・サンチェス
男子シングル4位

この会場に来ると、2018年のオリンピックのときに羽生結弦やネイサン・チェン、宇野昌磨たちの活躍を部屋のテレビで見ていたことを思い出して大興奮でした。彼らがメダルを争い歴史を築いたあのアリーナでいつか戦ってみたいと夢見ていたんです。最高だよ。ロールモデルは2人いて、1人は親友のイリア・マリニン。彼とは幼馴染で、今回もアドバイスをくれて、最高の友だちです。もう1人は、ヴィンセント・ジョウ。彼の意志の強さや自信、スケートにまつわるエピソードはどれも素晴らしいし、試合を見るのも大好きでした。
Q. これまでのオリンピックで印象に残っている演技は？
A. 2022年のネイサン・チェンです。2018年大会で力を出し切れなかったあとで、彼は強くなってカムバックする姿を見せてくれた。過去最高の状態で、観客が息をのむほどの演技を披露したんです。すごすぎる。

オリビア・イリーン＆ディラン・ケイン
アイスダンス2位

●イリーン　メダルはびっくり！　言葉になりません。すごくうれしいし、ありがたく思います。私たちがリンクに注ぎ込んできたものがついに報われたなと思います。私の父がコーチなのですが、父と娘であり、コーチとアスリート。父はこの関係性のバランスや、役割をスイッチするよきタイミングを計りながら一緒に練習してくれています。
Q. これまでのオリンピックで印象に残っている演技は？
A. 2018年にテッサ＆スコットがここで披露した「ムーラン・ルージュ」です。

●ケイン　銀メダルとともに終わるスペシャルなエンディングにとても満足しています。じつを言うと、ちょっと期待もしていました。これまでずっと毎日ハードに練習してきましたから。本当のオリンピックに戻ってくること、オリンピックで優勝することが、ぼくらの夢です。
Q. これまでのオリンピックで印象に残っている演技は？
A. 2022年のパパダキス＆シゼロンのプログラムです。リアルタイムで見ていたんですが、ぼくもいつかあの域に達したいと感銘を受けました。

©Nobuaki Tanaka/Shutterz

Switzerland

ゲオルギー・パブロフ
男子シングル9位

スイス選手権のあと一生懸命練習してきたので、その成果が出せたと思います。コーチに感謝です！　平昌オリンピックは、夜中に起きて男子のフリーを見ていたことをよく覚えています。正直、あのとき見ていたリンクで、しかもユースオリンピックで滑るチャンスがやってくるなんて思ってもみませんでした。最高にクールだね。たくさんのファンのなかで滑るのはめちゃくちゃ楽しいです。
Q. これまでのオリンピックで印象に残っている演技は？
A. 2014年ソチ・オリンピックのパトリック・チャン。彼のような美しい滑りに憧れて、スケーティングスキルの練習をがんばっています。2022年北京の羽生結弦の演技もよく覚えているし、それからなんといってもネイサン・チェン。選曲が完璧で、ぼくの好きなタイプの滑りでした。

Chinese Taipei

ツァイ・ユーフェン
女子シングル10位

比較的クリーンに滑ることができたので、気持ちよく演技を終えることができました。演技前はワクワクもしていたけど、それよりも緊張がずっと大きくてずっとブルブル震えていました。（笑）何度も「自分を信じろ！」って自分に言い聞かせて落ち着かせました。キム・ヨナさんのようなスケーターになって、本物のオリンピックに出たいです。
Q. これまでのオリンピックで印象に残っている演技は？
A. バンクーバー・オリンピックのキム・ヨナのフリーです。彼女は一流の滑りや技術を持っていることはもちろん、どんな試合でも努力を惜しむことなく芸術性の高い最高の演技を見せてくれるのでスペシャルだと思います。

Canada

カイヤ・ルーター
女子シングル11位

私のアイドルでもある羽生結弦が滑った同じリンクで滑れるなんて信じられないです。私はオタワ出身なんですが、冬にはリドー運河が凍るので、アイスホッケーをやっていた両親と、姉と一緒に滑りながらスケートに触れて育ちました。
Q. これまでのオリンピックで印象に残っている演技は？
A. 2018年の羽生結弦のフリープログラムです。私にとってはこの競技のあらゆるプログラムのなかでもっとも記憶に残る演技でした。彼の忍耐力、観客の盛り上がり、すべてに感動しました。

アニカ・ベンキー＆コール・ソービー
ペア1位

●ベンキー　信じられない気持ちです。演技前はペットのカメの名前"シェリー"を心のなかで呼んで自分を落ち着けました。私たちは親同士が幼いころに同じクラブで練習していた縁で、親たちの勧めでペアを組むことになりました。憧れはカーステン・ムーア=タワーズ＆マイケル・マリナロです。
●ソービー　自分たちができることを見せられて、スーパーハッピーです。ぼくもカーステンとマイケルに憧れています。気品があって、なめらかで、とくにトランジションが好きです。

©Nobuaki Tanaka/Shutterz

New Zealand

ヤンハオ・リー
男子シングル3位

ここで得られた最大のことは、大勢のお客さんのなかで滑って、みんなで一緒に盛り上がれたことです。3アクセルを試合で降りたのが初めてだったので、着氷で立てたときはうれしかったな。2030年のオリンピックを目指してがんばります。

Q. これまでのオリンピックで印象に残っている演技は？

A. 2018年、羽生結弦がここで見せた演技です。怪我から見事なカムバックを遂げ、連覇に向けて努力を尽くす姿に、ぼく自身も励まされました。同じリンクで滑れる日がくるなんて最高の気分です。彼はパフォーマンス力が素晴らしく、テクニックにも淀みがない。人としても憧れるロールモデルです。

© Nobuaki Tanaka/Shutterz

Italy

ラファエル・フランチェスコ・ジーク
男子シングル6位

思った通りとはいかなかったけれど、諦めずに最後まで戦い抜くことができました。観客と一緒に大会を楽しめたこと、新しい友人がたくさんできたことがすごくうれしかったですね。ステファン・ランビエルの合宿にいくつか参加していて、この夏は日本での合宿でも素晴らしい経験を得ることができました。日本大好き。また行きたいな。

Q. これまでのオリンピックで印象に残っている演技は？

A. 2022年のジェイソン・ブラウンのSP、ネイサン・チェンのフリー、それから平昌オリンピックの羽生結弦のフリーです。

Australia

ペイトン・ベラミー＝マルティン＆クリストフ・プラドー
ペア4位

●ペイトン　私たちは、この大会に出場するための"10ヵ月プロジェクト"を任されていて、それで今日演技を披露したんです。私たちペアがどうなるのか試す期間でしたが、すごく楽しめたと思います。私はスロウジャンプが好き。

Q. これまでのオリンピックで印象に残っている演技は？

A. 私はみんながそれぞれ自分のやり方で進んでいくのを見るのが好きです。

●クリストフ　演技にも結果にも満足しています。これから何ができるかもポジティブに考えられているし、いまは終わってうれしい気持ちです。オリンピック会場で滑るという人生で一度きりかもしれない経験、誰にでも見られるわけじゃない景色を見ることができて最高の気分でした。ペアではリフトが好きです。

Q. これまでのオリンピックで印象に残っている演技は？

A. 好きなものが多くて決められません！

Ukraine

ソフィア・レクノバ＆デニス・フィダンキン
アイスダンス11位

●レクノバ　オリンピックは夢の場所でもあるので、ウクライナ代表としてここで戦えたことを誇りに思います。2026年、2030年、出られるオリンピックには全部出たいです。いまはキーウで練習しています。戦争のせいで練習もままならない本当に大変な状況ですが、私たちはどうにかして練習しています。演技を通して伝えたいことは、1つになんて絞れません。もちろんスパニッシュの音楽なのでその踊りも見せたいけれど、そうですね……どう言葉にすればいいかわからないです。

Q. これまでのオリンピックで印象に残っている演技は？

A. 2022年のガブリエラ・パパダキス＆ギヨーム・シゼロン。リズムダンスもフリーもマスタピースだから大っ好きで選べない。

●フィダンキン　演技前は、友人の顔を思い浮かべつつも、何も考えないようにして自分を落ち着けました。ぼくは踊りたくて、アイスダンスをやってみたいと思っていました。夢を答えるのは難しいけど、オリンピックに行きたいと思っています。

Q. これまでのオリンピックで印象に残っている演技は？

A. 2022年のパパダキス＆シゼロンのリズムダンスかな。

France

アンバー・ペリエ・ジャネジニ＆サミュエル・ブランク・クラッペルマン
アイスダンス1位

●アンバー　初めての金メダルを手にできて最高にハッピーです。1年前はここにいるなんて想像もしていなかったので、信じられない！　クレイジー！　って感じ。(笑) マリオン（・デ・ラ・アソンションコーチ）は、フィーリングがぴったりでジョークも言い合える間柄です。夢はオリンピックで金メダルを獲ることです！

●サミュエル　マリオンとはとても仲良しですよ。これからの夢は、スケーターとして行けるところまで高みを目指すこと。できる限り何度でも成長を見せていきたいです。ぼく、2つだけ日本語を話せるんです。「私は日本語を少し話せます」「ぼくの名前はサミュエル」、これだけです。リヨンには、日本人のスケーターもいるし、エミ（平井絵己コーチ）もいるからね。ときどき日本のスケーターがキャンプでくることもあります。

IOCの仕事で大会を訪れたという2人。メインカラーの緑で彩られたリンクをバックに ©World Figure Skating/Shinshokan

マイア・シブタニ＆ アレックス・シブタニ
Maia Shibutani and Alex Shibutani
成長速度を上げる 最高の競技経験

マイアは1994年7月20日、ニューヨーク生まれ。アレックスは1991年4月25日、ボストン生まれ。2018年平昌オリンピック銅メダル、2016年ボストン世界選手権2位など、アメリカ代表として活躍したアイスダンスの兄妹チーム。平昌オリンピックを最後に競技を離れ、現在は競技の普及や、スケートに留まらず多彩な才能を生かした幅広い活動を行っている。

—— 先ほど会場でリズムダンスをご覧になっていましたが、どんな印象を持ちましたか。

アレックス とにかく素晴らしかったです。これだけ観客が熱狂するなか、しかも歴史あるオリンピックの会場で、若いアスリートたちが演技を披露できる機会になっているわけだからね。これからの選手たちにとっては最高にクールな経験になるし、観客の熱狂ぶりを見ているのも楽しいです。さっき会場の下の階で試合前のチームを何組か見かけたけど、みんな楽しそうに準備をしていて、こちらが元気をもらえたくらい。本当に楽しんでいるのが伝わってきました。それがすごく素敵だと感じたし、競技を見ながら彼らのワクワクした気持ちがそのまま氷上での演技にも表れていると感じました。いいリズムダンスの試合だったね。それに、お客さんも音楽への理解がとても深かった。これほどの大きな舞台のなかで緊張もあっただろうに、どのチームもみんなうまく緊張と付き合って、いいパフォーマンスを見せてくれました。みんなが自信を持って滑っている姿に、とにかく感動しました。

マイア これだけの規模の舞台で多くの観客に見守られるプレッシャーに、若い選手たちは本当によく対応していました。エンターテインメント性にあふれたプログラムばかりですごく面白かったし、フリーダンスもきっといい試合になるんだろうなと楽しみになりました。

—— この江陵アイスアリーナは、2018年にお2人が銅メダルを獲得した平昌オリンピックの会場です。どんな思い出がありますか。

マイア この会場は平昌オリンピックのときに、団体戦から個人戦まで2週間ほど過ごした場所で、強い演技ができた思い出のアリーナですから、大好きな場所

です。またここへ戻ってこられてうれしく思います。

アレックス 2017年の四大陸選手権でもここで戦っていて、それから平昌オリンピックでここへ再びやってきたんですよね。いい場所だよね。オリンピックのときとは、壁やボードの色が違っていたり、それなりに変わっているところもあるけれど、やっぱり思い出がつまっているから、懐かしい気持ちになって、自分たちのここでの演技を思い出したりしています。

マイア 本当にいい思い出ばかりで、思い出しながら元気をもらえるよね。

—— 今回出場している選手たちは、ここからオリンピックを目指してがんばっていくと思うのですが、若い選手たちへはどんなことを期待しますか。

マイア こうやって世界の舞台に立てるというまたとない経験を最大限生かしてほしいです。ここではほかの競技のアスリートと出会って仲良くなるチャンスもあるし、得られる機会をフルにキャリアに役立ててほしいなと思います。

アレックス みんなにとっては成長する最高の機会になっていると思います。このユースオリンピックを経験することで、成長速度はぐんと上がると思う。オリンピックという競技経験はほかと比べようもないですから。もちろん実際のオリン

ピックはさらに規模が大きく、その分プレッシャーもあると思います。でも、ユースオリンピックで競技経験を積んだ選手たちは、いざオリンピックへ出場するときに、みんなより少しだけ準備ができているはずだと思いますよ。みんながこの素晴らしい機会を楽しんでくれることを願うばかりです。

—— オリンピックフレンズとして大会に参加している俳優イ・ドンウクさんとも一緒にスケートをしたそうですね。

マイア そうそう！ いい時間でした。彼の滑りは安定感があったので、私たちは安心して一緒に滑っていました。（笑）それにマスコットのムンチョもいたんですよ。楽しかったな。

アレックス スケーターでない方と滑るときはいつだって安全第一です。誰も怪我しなかったのでよかったです。彼もスケートを楽しんでくれていたみたいで、お会いできてぼくらもうれしかったです。

—— また新しい出会いですね。本日はありがとうございました。

（2024年1月28日、ユースオリンピックリズムダンス後に取材）

取材・文：編集部　Text by World Figure Skating

大会マスコットのムンチョは、平昌オリパラのマスコットだったスホランとバンダビの雪合戦で使われた雪玉から誕生。ムンチョのデザインや大会運営も地元の若者が中心となって行われた

同じ会場でアメリカ代表として平昌オリンピックのアイスダンス銅メダルを獲得。団体戦でも銅メダルを獲得している
Photos ©World Figure Skating/Shinshokan

世界チャンピオンらのコーチとして忙しい毎日を送るステファン・ランビエルだが、
彼がもっとも輝くのは、やはりアイスショーの氷上のステージだろう。
彼にしかできないプログラムを演じ続ける稀代のプロスケーターに聞きました。

ステファン・ランビエル
音楽を感じて、音楽と繋がって

STÉPHANE LAMBIEL

1985年4月2日、スイス・マルティニ生まれ。2005、2006年世界選手権優勝。2006年トリノ・オリンピック銀メダル。
2010年バンクーバー・オリンピック4位。現在、宇野昌磨、島田高志郎、デニス・ヴァシリエフスら各選手を指導する。
プロスケーターとしても、ファンタジー・オン・アイスをはじめ、さまざまなアイスショーで活躍。

日本の宇野昌磨選手、島田高志郎選手、ラトビアのデニス・ヴァシリエフ選手らのコーチとして、忙しい毎日を送るステファン・ランビエル。プロスケーターとして、ファンタジー・オン・アイスなど、アイスショーの第一線でも活躍を続けるランビエルに、自身の表現活動について聞いた。

パーソナルな2つのプログラム

── 昨年もオフシーズンには、ファンタジー・オン・アイスをはじめ、日本のアイスショーで素晴らしいパフォーマンスを披露されました。

ランビエル 昨年披露した「シンプル・ソング」と「マーラー交響曲第5番（アダージェット）」は、とてもパーソナルなプログラムです。2つともとてもドラマティックですが、「シンプル・ソング」のほうは、人の成長と、人生の最後を迎えるまでの移り変わりを描いています。そこには悲しみと同時に、それでも生きぬこうとする強さがある。誰もが自分の生をつかもうとします。去りゆくそのときまで、何かをつかもうと必死に戦ったり、自分の手に力を集めて何かを創造したり、誰かと何かを分かち合ったり、誰かとともに過ごそうとします。このつかみとるという行為にぼくは心打たれ、このプログラムが生まれたのです。

── マーラーのプログラムについては？

ランビエル 「アダージェット」にはぼくの恋愛経験が反映されていて、恋愛をめぐるさまざまなステージを描いています。出会いから

はじまり、力をもらったり、対立したり、自分の間違いを認めたり、相手を許したり、議論したり……そうした要素がこの作品のなかにちりばめられています。このプログラムではぼくは見えない相手と一緒に並んで滑っている感覚なんです。ぼくたちは出会い、ともに同じ未来を見つめます。でも、やがて別れて別の道を歩み始める。そこにはたくさんの情熱とさまざまな感情が渦巻いています。

── いずれもとてもエモーショナルで、とても深みのあるプログラムです。あなたはつねにフィギュアスケートの表現に大きな変化をもたらそうとしていますね。

ランビエル ぼくにとって、非常に挑戦的なプログラムです。ステップはやさしいものではなく、ディープエッジに乗ってたくさんのステップが盛り込まれています。ファンタジー・オン・アイスのように長いツアーにおいては、とくに脚力がとても重要なんですけど、長時間ディープエッジに乗る作品はたしかにぼくにとってもチャレンジでした。また「アダージェット」においては、違った種類のジャンプを立て続けに跳ぶトリッキーなパートがあって、音楽に合わせて正しいテンポでダイナミックにジャンプを跳ばなければいけなかった。振付のサロメ（・ブルナー）があまり重量感を感じさせたくないと言うので、いつも軽やかな弾むようなイメージで演技するようにしました。

── 毎回、ランビエルさんのプログラムには驚かされます。どのようにして新しい音楽やテーマを見つけているのですか。

ランビエル そのときの自分の感情や、自分の人生で経験したことから導かれることが多いです。いまこの瞬間に感じていることは何か。この先の未来に待っていると思えるのは何か。そこにどんなふうに自分を投影させたいのか。もういっぽうでは聴いている音楽にインスパイアされることもあります。ポップミュージックの歌詞であることもあれば、クラシック音楽であることもあります。音楽を聴いて感じたこと、そこから生まれた感情を短い言葉でメモしておきます。

実生活の経験もおおいにインスピレーションをあたえてくれます。ぼくがバレエが好きで、よく公演に足を運ぶのは、ダンサーのエネルギーを見て、自分のなかにあるいろいろな感情を味わいたいから。自分の心の内を鏡に映してみているような感覚になるのです。

── ところで、最近のシングル競技の傾向についてはどう感じていますか？

ランビエル ぼくはあまりにもジャンプに関心が集中しすぎているように思うんです。技術面の細かいところにフォーカスが行き過ぎていて、スケートの美しさについては足りていない。スケーターが何をしているかにばかり注意がいって、どのように表現しているかについては十分に払われていない。ぼくにとっては、1つのジャンプや1つのスピンだけではなく、どのようにジャンプやスピン、クロススケーティングを配置しているか、作品とどのようにつながっているかが大切。たとえば、動画サイトで最近の選手のプログラムを見る場合、ジャンプの大技だけを早送りでみれば

ファンタジー・オン・アイス 2023 で、韓国のソプラノ歌手スミ・ジョーの歌声に合わせて披露された「シンプル・ソング」 ©Fantasy on Ice 2023

をやろうとしているのはわかるけど、昔の旧採点システムのころのような意図を感じることはありません。当時はたとえ簡単なクロスであっても、貫禄とか存在感があった。3回ターンしたり、難しいターンを入れたり、難しいつなぎを入れたりすることは重要ではなく、輝いているか、美しいかが重要でした。当時の演技を思い返してみると、たとえば、ニコル・ボベク、オクサナ・バイウル。さらにサーシャ・コーエン。男子だと、イリヤ・クーリック、ヴィクトール・ペトレンコなど、当時のスケーターたちはみな、カリスマ的すべてを身につけていた。彼らのジャンプ、スピン、スケーティングから目が離せなかった。最初から最後までプログラムを見る必要があるのです。今日では、難しい技にばかり、関心が集まってしまっている。この最近の状況は好きになれません。プログラムの最初から最後までいかに素晴らしく、完成された演技であったのかではなく、どうやってポイントを稼いだかを計算するだけのものになっている。ジャッジたちはやるべきことが多すぎて、演技全体を理解する時間もない。そして、選手たちは、演じることよりも、ポイントのことばかりに意識が向かってしまうことになるのです。

才能を伸ばし、応援したい

―― ところで、シャンペリでは、トップ選手だけでなく、子どもたちの指導にも力を入れているようですね。どんな指導を？

ランビエル 音楽を感じて、音楽とつながるようにと教えています。これは大事なことなのですが、選手は「膝を曲げて」といったコーチの声には耳を傾けるのですが、ぼくは自分の身体の声を聴いてみてほしいのです。音楽

自然に正しく滑ることができる。いろいろなリズムを理解するようになれば、音楽とともに滑ることがとても自然に感じられるようになります。

―― 自分の身体が振付や音楽と結びつくということですね？

ランビエル そのとおりです。音楽ということでは、最近のポップミュージックは、リズムはとても単純で、似たようなビートが多い。でも、クラシックはもっと複雑です。たとえば「白鳥の湖」のように、誰もが口ずさめるようなシンプルなメロディーでありながら、じつにたくさんのニュアンスを感じ取ることができます。オーケストラの楽器それぞれに独自のニュアンスがあり、いくつもの層が重なっている。自分の音楽感覚によって、そのどれかとつながればいいのです。

―― 昨年10月のジャパンオープンで、宮原知子さんが1日だけ競技会に復帰し、ランビエルさん振付の「ロミオとジュリエット」を披露しました。リンクサイドでコーチとして演技を見守りましたね。

ランビエル 知子のことは今後も応援したいし、この後もいろいろ計画しているんです。もちろん知子はすぐれた表現者ですけど、そうさせているのは、彼女の強いパーソナリティとスケートにかける確かな情熱です。クリエイターとしての偉大なセンスもある。彼女の演技を見るだけではなく、今後の成長もサポートし続けたいと思っています。このあとスイスに戻って、知子にファンタジー・オン・アイスのための新作や、夏にシャンペリで予定しているぼくのショーで披露するデュエットも振付ける予定です。

―― 宮原知子さんは、プロスケーターになって、さらに輝きを増しています。

ルだったけど、将来、彼女は世界で最高のスケーターのひとりとして記憶されるだろうと思っています。人々は金メダリストになることを願います。みんながなれたらいいなと思う。しかし、金メダルがあってもなくても彼女が氷上にもたらすエッセンスは特別なもの。かつてサーシャ・コーエンに感じたフィギュアスケートへの100％のコミットメントと同じものを知子に感じるんです。彼女の演技の美は、多くの観客にインスピレーションを与え、他の多くのスケーターが忘れられるとしても、知子の滑りは記憶に留まりつづけるでしょう。

技術と表現はともにあるもの

―― あなたと同じ時代に選手として活躍していたカロリーナ・コストナーがいま鍵山優真選手のコーチをしています。今季、試合のリンクサイドにいるお2人の姿を見ると、感慨深いものがあります。

ランビエル カロリーナのことは、ジュニア時代から大好きで憧れています。知り合ったのは、2000年だから、もう24年になります。ぼくは彼女の滑りが好きだけど、一番好きなのは、彼女のパーソナリティ。彼女の明るい性格はどんな道に進んだとしても、必ず成功すると思う。

―― 鍵山優真選手は表現や滑りのさらなる向上を目指して、コストナーさんにコーチをお願いしましたが、かつて宇野選手もまた表現面での進化を期待してランビエルさんのところにいらした。お2人は、アーティスティックな面を磨いたり、伸ばしたりするのに長けていらっしゃいます。

ランビエル ぼくはテクニックを教えることも楽しんでますよ。ぼくの先生だったペーター・グルッターコーチ、それからアレクセイ・ミーシンコーチからたくさんのことを教わりました。最近では、ジスラン・ブリアンからも学んでいます。ぼくにとって、テクニックはスケートにおいて、とても重要な要素です。ぼく自身いまも自分の技術の向上を目指して取り組んでいます。というのも、技術と表現はどちらか1つだけではうまくいかないものだから。たとえば、バレエレッスンを受けるとき、美を目指して稽古するわけですが、それは結局は技術の取得に取り組むことなのです。すべてのスケーターが理解する必要があるのは、正しいテクニックには、美しい動きが必要だということ。動きが醜ければ、よいテクニックを身につけることはできない。この2つはともにある。素晴らしい表現のためには、優れた技術が必要だし、技術がないと素晴らしい表現はできないのです。

―― ありがとうございました。指導者としての活躍はもちろん、今年もアイスショーでの演技を楽しみにしております。

（2024年2月に取材）

取材・文：編集部　Text by World Figure Skating

宇野昌磨選手をリンクに送り出すステファン・ランビエル（2024年世界選手権）©Yazuka Wada

Fantasy on Ice 2024

神戸公演	**2024.6.15**(土)**16**(日) ワールド記念ホール

主催：Fantasy on Ice 2024 in KOBE実行委員会　後援：公益財団法人 日本スケート連盟　協力：アイスクリスタル　企画制作：株式会社CIC

静岡公演	**2024.6.22**(土)**23**(日) エコパアリーナ

主催：Fantasy on Ice 2024 in SHIZUOKA実行委員会、静岡朝日テレビ、BS朝日　後援：公益財団法人 日本スケート連盟　協力：アイスクリスタル　企画制作：株式会社CIC

Artists
出演
アーティスト

石井竜也

一青窈

家入レオ

Check-It!

https://www.
fantasy-on-ice.com/

©Nobuaki Tanaka /Shutterz

SCOTT MOIR

スコット・モイア

選手の人生を豊かにすることが、素晴らしいアスリートを生む

コーチとして新たなキャリアを歩むレジェンド・アイスダンサーに聞きました！

テッサ・ヴァーチューと組んで3度のオリンピックで計5つのメダルを獲得したスコット・モイア。2018年に平昌オリンピックで3つ目の金メダルを手にしたあと競技を離れ、現在は競技人生の集大成を築いたアイスアカデミー・オブ・モントリオール（I.AM）のロンドン校（オンタリオ州）で指導にあたる。再びリンクへと帰ってきたアイスダンス界のレジェンドに、世界ジュニア選手権が行われた台北で話を聞くことができた。

クリスティーナとアンソニーの成長

—— 今回、世界ジュニア選手権では教え子のレイラ・ヴェイヨン＆アレクサンドル・ブランディーズ組（カナダ）がすばらしいパフォーマンスを見せていますね。

スコット 彼らにとってすごくいい日になっていると思います。コーチとしてはスケーターたちが氷上へ出ていって思いきり滑り、その演技に満足してくれるとうれしいんですよ。今回が初めての世界ジュニアですから、とにかくベストを尽くしたうえで存在感を示せるようにとは思っていますが、学びを得ながらこの世界の舞台を楽しんでくれたらなと思います。

—— 今シーズンは、指導しているクリスティーナ・カレイラ＆アンソニー・ポノマレンコ組もシニアで好成績をキープして、全米選手権では銀メダルを獲得しました。

スコット とくに全米選手権は、世界選手権への切符がかかっているという点でも、クリスティーナとアンソニーにとって大きな大会でした。日本もそうだと思いますが、スケートが人気のカナダやアメリカでも、ナショナルは何よりプレッシャーがかかる試合です。しかも、アメリカはいまやアイスダンス大国ですからね。だから、これまで2人はなかなか全米選手権で力を出し切れないでいた。それを思うと今年は彼らにとって大きな勝利と言えると思います。よく努力して、しっかり準備をしたからこそ、うまくなっていい滑りができた。大きな壁を乗り越えて、あの演技ができたわけですから、ぼくらコーチ陣も彼らの成果をとても誇らしく思っています。

—— 教え始めたころを考えると、どのあたりに成長を感じますか。

スコット 3年前だね。振り返ってみると、また違った視点も出てきます。まずもって、クリスティーナとアンソニーの2人がぼくらのスクールにもたらしてくれたものを思うと、言葉にならない。もっとうまくなるためにと、2人はまだ創立したばかりのぼくらのもとへ飛び込んできてくれました。彼らが持ち込んだエネルギーは素晴らしいもので、最初はコーチとしての自分を確立していくうえでも、ぼくが学ぶことのほうが多かったくらい。そのなかで、マディソン（・ハベル）、アドリアン（・ディアス）がぼくらのスクールに加わってくれたことは大きな助けになりました。マディソンは2人と一緒に練習しながら、彼らの力を引き出すことができるスーパーパワーを持っている。アドリアンもそうだから、実際、2人のおかげでうちのチームの子たちはみんな練習に打ち込めています。だから、ぼくにとってはそれほど驚くような急成長ではなく、いい成長曲線を描けているなと感じています。ぼく自身もコーチとして多くを学んだけど、なかでも試合は得るものが大きかったし、自信をつけられる場にもなった。何事も始めたばかりのときは、自分のやり方がどう出るのかわからないものですが、今年になってようやく自信が持てるようになり、クリスティーナとアンソニーも信頼を寄せてくれていたと思います。ここから、また彼らとぼくらコーチングスタッフで一緒になって何かを作り上げようとしている、いまが新しいスタートです。

生徒たちの人間的成長を
愛おしく思う

—— 改めて、コーチとしてリンクへ帰ってきてくれたことをうれしく思います。現役時代には伝説的なキャリアを築いて、引退後のキャリアの選択肢もたくさんあったのではないでしょうか。どうしてまたスケートの世界へ？

スコット 生徒たちが「自分はスケートのコーチには絶対にならない」と言っているのを聞くと、つい笑っちゃうんですよ。というのも、

ぼく自身も、自分がコーチになるだなんて思ってもみなかったから。（笑）うちは母も叔母もコーチで、家族全員がスケートの世界にいるのに、おかしいですよね。自分で自分の道を切り拓きたいとかそういう思いじゃなくて、単純に家族みんながスケートの世界にいるからってそこに参加するのはいやだった。ただそれだけのことで「コーチにはならない」って言っていたんです。でも、一度、家族でやっているイルダートンスケートクラブを手伝わないかと誘われて参加してみたら、あっという間に選手たちに夢中になった。最近になって、家族や、マディ、アドリアンのような、大好きで理解し合える人たちと一緒に働けることがいかにありがたいかを理解できるようになってきました。でも、家族と一緒に働くというのは、ことに特別なことです。子どもたちを教え始めてみると、彼らはナショナルのような大きな大会を終えたあとも、答えを探し続けて迷っているようでした。それで、あるとき母と叔母に言ったんです。「いまがいい機会だと思う。これまでのやり方を一新すべきだ」って。2人の名誉のために言っておくと、彼女たちも指導者としてステップアップしたし、スクールの立ち上げにも「大丈夫、できる」と寄り添ってくれました。いまでもリンクへと車を走らせていると、自分でもちょっとクレイジーだなと思うけど、それでも大好きなアリーナに行くのは毎日楽しみなんですよ。

—— 試合でもいまはリンクへと選手を送り出す側になったわけですが、選手としてリンクに出ていくときとは全然違う気持ちですか。

スコット 全然違うよ。コーチとして試合に参加しておもしろいと思うのは、準備の仕方や選手の試合運び、生徒たちのどこが成長して、彼らはいま旅路のどのあたりにいるのか——学ぶべきことが多すぎて、つねに神経を研ぎ澄ませていないといけないこと。競技会というのは、自分が取り組むべきことを暴いてくれる場所だから、コーチとしては鋭くないなければなりません。教え子たちがいい準備をできていると、この子たちはこの大舞台でいい滑りができるだけの準備はしてきたんだ！なんて思って、こちらのほうが気がはやることもあります。（笑）そのたびに「これは、彼らの人生のためにも必要な人格形成の機会なんだ」と自分に言い聞かせます。優秀なスケーターを育てたいという思いがないわけではもちろんないけれど、それよりも人としての成長を愛おしく思う。フィギュアスケートの指導は彼らの人生をより豊かなものにするためのツールとして考えています。これこそが、ぼくがコーチングに夢中になっている理由であり、ぼくを虜にしているものなんです。

—— 現在アイスアカデミーのロンドン校で指導されていますが、モントリオールのチームとはどういった連携を？

スコット モントリオールのアイスアカデ

右：I.AM ロンドン校のトップチームとして、今季は全米選手権2位、四大陸選手権3位、世界選手権7位と成長を示したクリスティーナ・カレイラ＆アンソニー・ポノマレンコ（2024年世界選手権）
©Yazuka Wada

下2点：教え子のヴェイヨン＆ブランディーズを送り出し、演技を見守る（2024年世界ジュニア選手権）
Photos ©Nobuaki Tanaka / Shutterz

競技人生の集大成を見せた平昌オリンピックのフリーダンス「ムーランルージュ」は、若い選手たちのあいだでも語り継がれ、憧れられる名演となった ©Dave W.Carmichael

ミーとはパートナーシップを結んでいて、それでマディソンやアドリアンが参加してくれています。モントリオール校とは密に連絡を取っていて、スクールの立ち上げも大いに助けてもらいました。スケジュールやチームとしての動き方などオペレーションも大部分で同じです。マリ=フランス（・デュブリュイユ）とパトリス（・ローゾン）、ロマン（・アグノエル）にコンサルタントとして入ってもらっています。今週、ぼくらが世界ジュニアにいる間は、クリスティーナとアンソニーはモントリオールに行っていて、モントリオールに行けば、サム・シュイナールやヒップホップダンサーの教え、リフトの指導を受けられるのも幸運なことですよね。素晴らしいコラボレーションができていると思います。じつは、2018年の平昌オリンピックのあと、妻と出会うまではモントリオールのヘッドキャンパスに入るつもりで考えていました。結局は妻がぼくの人生を別の方向へと引っ張っていったわけだけど、それでもこの競技のムーブメントのなかにありたかった。思うに、I.AMが行っていることこそ、まさにぼくが誇りに思う理由なんです。さっき話したように、選手の人生を豊かにし、相手のことを第一に考える。それが素晴らしいアスリートを生むことにもなっているんです。だから、マリ=フランスやパトリス、ロマン、それにスタッフたちとこの目標を実現することができて、とても幸運に思います。ロンドンにいることで、オンタリオ州へもその範囲を広げて、より多くの人々へと経験を提供できる。平昌オリンピックを目指してモントリオールへ行ったことで、ぼくとテッサの人生は変わりました。言葉に尽くせないほどに。この競技を見る目も変わった。あそこでの経験がなければ、コーチにはなっていなかったかもしれません。

──　いま教える立場になって自分の競技人生を振り返ったときに、コーチの視点からこうしておけばよかったと思うことはありますか。

スコット　ラッキーなことにぼくらは多くのことを成し遂げられました。それでも、まだフィギュアスケートが好きで、いまもまだ氷の上にいる。愛があるからね。でも、テッサとぼくは自分たちの内側にあるコップをいっぱいに満たせたと思います。フィギュアスケートの真髄に近づくことはできたと思う。いろんな国、いろんな状況のなか、素晴らしいファンのみなさんとともに、この競技に触れたことを懐かしく振り返ったりもします。ただ……後悔というと言葉が強すぎるけれど、違うようにしていたらと思うこともいくらかあって。なかでも、メリル・デイヴィスとチャーリー・ホワイトとの関係がそのひとつ。ぼくらはとにかく激しいライバル関係にありました。いまはチャーリーとはよく話すようになったし、友情を修復できていると思う。一緒にコーチ側に並んでいるのもおもしろいですよね。もちろんメリルとも意識的に距離をとっているなんてことはないよ。当然、当時も彼らのプログラムや演技へは尊敬の思いがあったけど、ライバル関係の扱い方というか、ぼくのコメントとかね……ぼくは熱いコンペティターだったから、つねに勝ちたかったし、それがぼくを強くした部分もあったと思います。でも、もしあのころに戻れるとしたら、メリルとチャーリーのようなレベルの相手と戦えることにもう少し敬意と誇りを持っていられたらと思う。いまぼくが生徒たちに教えたいと思っているのは、まさにそういうことなんです。ガビーとギョーム（パパダキス＆シゼロン）とはそういう戦い方ができていたと思うから、いま思い返しても、彼らには感謝しています。ただね、2006年から2018年までのあいだ、ぼくにも眠れない夜があったと知っていてほしい。デイヴィス＆ホワイトになるためにはどうしたらいい？　どうやったらパパダキス＆シゼロンのようになれる？　そう考えては眠れぬ夜を何度も過ごした。だけど、いまになって思うと彼らがぼくらを作ってくれた。ぼくらがあれほどに毎日自分たちを追い込んで、可能性を追求してきたのは、彼らに勝ちたい、彼らと競い合いたいという思いがあったからなんだ。だから、史上最高の選手たちと戦えた日々に、深く、そして心から感謝しています。

FaOIは心のなかの特別な場所にある

──　選手時代から日本には何度もいらしていますが、何か楽しい思い出はありますか。

スコット　それはたくさんあるけど、やっぱりユヅ（羽生結弦）かな。彼のエネルギーはすさまじいもので、大勢の観客のなかでもショーを支配する力があった。ファンタジー・オン・アイスのときに、彼のすぐうしろに並んで、彼が観客の近くへ行ったり、会場に呼びかけたりするのを見るのが大好きでした。ユヅはロックスターだ。ぼくが日本のことを思い出すとき、ファンタジー・オン・アイスのことを思い出さずにはいられないんだ。（エフゲニー・）プルシェンコやユヅをはじめ、最高のスケーターたちと一緒に作り上げた美しいショー。いつだってぼくの心の特別な場所にあります。日本での日々を思うと、ぼくは一緒に過ごした人たちのことを思い出します。そういう思い出を、ハビエル・フェルナンデスやジェフリー・バトル、ルカ・ラノッテたちと分かち合ったりするんですよ。

──　私たちもまた日本でお会いできる日を

SCOTT MOIR

1987年9月2日、カナダ・オンタリオ州ロンドン生まれ。1997年にテッサ・ヴァーチューとチームを結成し、2010年バンクーバー・オリンピックで北米のチームとして初めて金メダルを獲得。その後、ソチ大会で銀、団体銀を獲得後に競技を離れ、2016年に電撃復帰。2018年平昌大会で個人・団体の金を手にし、計5つのオリンピック・メダルを持つ。現在は、世界チャンピオンらが所属するI.AM (ICE ACADEMY OF MONTEREAL) のロンドン校でヘッドコーチを務める。

Photos ©Nobuaki Tanaka / Shutterz

楽しみにしています。では最後に、次に目指す夢はどんなことでしょうか。

スコット 大きな目標はI.AMのすそ野を広げること。もちろんオリンピックにコーチとして参加することもぼくの夢です。だけど、それ以上に大切なことが、ぼく自身が選手のためにここにいると確かめることですね。ぼくのいまの夢は、選手を助け、娘のために存在すること。父親になって本当に人生が変わったんだよ。

―― それは素敵なことですね。今後も生徒さんとともにご活躍されるのを楽しみにしています。本日はありがとうございました。

スコット こちらこそ、フィギュアスケートを取材してくれてありがとう。「ワールド・フィギュアスケート」は、ぼくらが載っている号とか、たくさんぼくも持っているよ。これからもフィギュアスケートをよろしくね。

―― とても光栄です。こちらこそ、これからもよろしくお願いします。

（2024年3月1日、世界ジュニア選手権リズムダンス後に取材）

取材・文：編集部　Text by World Figure Skating

圧倒的にドラマティックでパワフルな滑りで若くして頂点を極め、その後引退、電撃復帰を経て再びオリンピックの金メダルに辿り着く伝説的なキャリアを描いた（写真は2010年世界選手権）©Japan Sports

feeling
MATHIEU CARON

Costume World
コスチューム・ワールド

第4回 マシュー・カロン

エネルギッシュでゴージャスな衣装が人気を呼び、
昨今、さまざまな国のスケーターからオファーが
殺到しているマシュー・カロンさん。
「スターズ・オン・アイス」で来日していたカロンさんに、
衣装製作への情熱を語っていただきました。
文：編集部　Text by World Figure Skating

©World Figure Skating/Shinshokan

Mathieu Caron

マシュー・カロン
カナダ・モントリオールを拠点に活動。自身がボールルームダンスに取り組んでいたことをきっかけに衣装製作を始め、現在はフィギュアスケートやボールルームダンスの衣装を数多く手掛ける。今季は三浦璃来＆木原龍一、三原舞依、佐藤駿、上薗恋奈らの衣装を担当した。

三原舞依「To Love You More」(2023年NHK杯) ©Kiyoshi Sakamoto

才能あふれるスケーターと
仕事ができるのはすばらしい

―― カロンさんは今回、「スターズ・オン・アイス」の衣装を担当されました。いま日本でお仕事をされていますが、いかがですか。

カロン このカンパニーの一員でいることに、すごく心が弾んでいます。ここで仕事をするのはすごく好きです。才能あふれるスケーターたちと仕事ができるのもとてもすばらしいことですよね。とくに気に入っているのは、新しい才能を発見できることかな。新星のスケーターとかね。

―― リハーサルのあと、先ほどまで買い出しに行かれていたそうですね。

カロン あるナンバーの衣装を変えようと思ったんです。だから明日の本番のために、材料を探しに行かないとと思って。ぼくを助けてくれるチームもいて、いい仕事ができています。

衣装はスケーターの
すぐ近くに存在することになる

―― 衣装製作を始めたきっかけを教えていただけますか。

カロン ぼくが衣装を作り始めたのは14歳のとき。じつはぼく自身、ボールルームダンスをやっていたんです。まだすごく若かったけれど、自分とパートナーの衣装を作ろうと決めた。その後、友人からも頼まれるようになりました。ファッションの学校にも行きました。デザインとダンス、両方に対して情熱があったんです。

―― フィギュアスケートの衣装を作り始めたのはいつでしたか。

カロン 数年前、ぼくのことをフィギュアスケーターに勧めてくれたダンサーがいたんですよね。それが始まりかな。初めて作ったのはケベックのお客さんのもので、オリンピックやトップクラスで活躍するスケーターで言うと、スペイン代表だったサラ・フルタドとアドリアン・ディアス。日本のスケーターだと、(宇野)昌磨が最初です。2018年のプログラムかな。平昌オリンピックの翌シーズンの「月光」の衣装ですね。

―― 日本のスケーターの個性について

「スターズ・オン・アイス」ではオリジナルナンバーの衣装を担当。日本選手によるグループナンバー「ケセラセラ」(横浜公演)
©World Figure Skating/Shinshokan

はどう感じていますか。

カロン 彼らは強いし、それぞれにきちんと個性がある。すばらしい才能や氷上での魅力も感じていますよ。

―― 昨シーズンは、坂本花織選手のフリー「エラスティック・ハート」の赤いドレスを作っていましたよね。

カロン はい。ショートプログラムの黒いドレスもぼくのデザインです。ショーのためのドレスも製作しました。

―― 坂本選手とはどのようにディスカッションをされたのですか。

カロン 花織はマリ=フランス(・デュブリュイユ)と振付をするためにモントリオールに来ていたんです。それで彼女たちがぼくに衣装を依頼してくれた。ぼくの作業場で、どんな衣装にするか、花織が衣装をどうしたいと思っているのかについて話し合いました。

―― なぜ衣装の色を赤にしようと決めたのですか。

カロン 花織には赤が似合うと思ったんです。彼女の個性と赤のイメージが近いということ。彼女はとてもパワフルだから。マリ=フランスも赤いドレスがいいっていうアイディアを持っていたんじゃないかな。

―― 三原舞依選手の「To Love You More」のコスチュームは、カロンさんが三

原選手に作った最初の衣装ですよね。とてもエレガントなデザインです。

カロン ありがとう。そこがポイントなんです。(笑)

―― なぜエレガントなテイストのドレスにしようと思ったのですか。

カロン まず、彼女がセリーヌ・ディオンの曲で滑るからです。ぼくやぼくのチームにとって、舞依のために作る初めての衣装が同郷のシンガーが歌うプログラムのためのものというのは、とても面白い仕事でした。セリーヌ・ディオンはモントリオール出身ですからね。製作できてとても幸せだった。この曲にはこういう衣装がぴったりなんです。より円熟味があって、グラマーで、ヴァイオリンの音色に似合うような洗練された衣装をぼくは舞依に贈りたかった。あの衣装はレッドカーペットを歩くときのドレスのような、洗練されたイメージなんです。ドラマティックだけれども、力強い曲ですからね。

―― 三浦璃来&木原龍一組の今季のショートプログラムの衣装についてもお聞きしたいです。

カロン 彼らはショートプログラムを途中で変更しましたよね。だからぼくたちも新しい衣装を作る時間が数日しかなかった。ジャパンオープンの前だったか

宇野昌磨「月光」(2018年スケートカナダ) ©Japan Sports

三浦璃来&木原龍一「Dare You to Move」(2024年四大陸選手権) ©Manabu Takahashi

佐藤駿「四季」(2024年四大陸選手権) ©Manabu Takahashi

な。新しい曲が届いたとき、やさしいパステルカラーが思い浮かんだんです。璃来にはパステルっぽい色がいいんじゃないかと思った。ラインストーンは花火のように見えるようにしました。ペアの場合、2人の衣装につながりを持たせるようにしていますが、それがあからさますぎるのは好きじゃないんです。装飾は2人の衣装につながりを持たせるためのもの。龍一の衣装は装飾が背

中の部分にありますが、ペアの男子の衣装の場合、背中というのは装飾を施すのにとてもいい場所なんですよね。

—— アイスダンスのマディソン・チョック選手との衣装製作についてはどうでしょうか。チョック選手は自分で衣装をデザインしますが、どのように話し合いながら製作を進めていくのでしょうか。

カロン ぼくたちはすごくいい連携プレーをしていると思います。コラボレーションをしたいという人と仕事ができるのはとてもうれしい。マディにはいつもアイディアがあって、スケッチを携えてやってくるんです。そしていっしょにスケッチを見て話し合って、ぼくたちがデザインを組み立てて、衣装を完成させるっていう流れですね。

—— エヴァン・ベイツ選手からも何かコメントはありましたか。

カロン もちろん。フィッティングのときはマディと同じように彼も衣装を着るわけだから。(笑) フィッティングのときは、どんなスケーターだって、着心地はいいか、その衣装が気に入っているかどうかをこちらに伝える権利がある。だから、ぼくたちはときどきディテールを直して、衣装を進化させたりしますよ。シーズン中に変えることもあります。

—— ペア、アイスダンス、シングル、どの衣装をデザインするのが特に楽しいですか。

カロン ぼくはデザインをすること自体が本当に好きだから、どれも同じくらい好きです。ボールルームダンスの衣装もね。スケーターでもダンサーでも、競技者と繋がっていることが好きなんだ。彼らがリンクやダンスフロアで何を見せたいのか、表現したいのかを知ることが楽しいんです。ぼくは自分の会社を「Feeling」と名付けたのですが、「何を感じる?」「ダンスフロアや氷の上で何を表現したい?」っていうところから来ています。「君は誰なの?」「何を感じてる?」「どんな人間?」ってね。彼らは氷の上に立ったら、自分を守らないといけないし、極度の緊張のなかに身を置くことになる。だから身にまとう衣装というのはとても重要なんです。衣装は彼らのすぐ近くに存在することになるから。スケーターは自分の順位やプログラムのために戦い、感情を表現しなくてはならない。だからぼくはスケーターが気持ちよく着られるように作らなくてはならないんです。

衣装はスケーターの手助けをするものであって、主役ではない

—— ラインストーンや資材はどのように調達しているのですか。

カロン アメリカ、イギリス、カナダ、それにもちろんモントリオールでも、どこででも探していますね。ぼくは買い出しに出かけたり新しい生地を探したり、新しい技法を試すのを恐れたりすることはありません。特にシングルスケーターの場合には、柔らかくて軽い生地が必要です。みんな軽い衣装を求めるから、ぼくはそれを見つけ出さなくてはいけない。衣装はスケーターの手助けをし、パ

マディソン・チョック＆エヴァン・ベイツ「Queenメドレー」（2023年グランプリファイナル）©Nobuaki Tanaka/Shutterz

坂本花織「エラスティック・ハート」（2023年世界選手権）
©Yazuka Wada

フォーマンスを強調するものであって、主役ではありません。ぼくたちはそういう役割を果たす衣装を作らなくてはいけないんです。

―― 日本のように遠距離の顧客もいると思いますが、その場合フィッティングはどのようにされているのでしょうか。

カロン　直接会ってフィッティングをすることが多いです。今回のジャパンツアーのようにたくさん旅をしていますね。今回もこの機会に日本のスケーターと直接フィッティングをしましたよ。でも遠隔でのときもたくさんありました。まずストーンや装飾をつけずに送って、ヴァーチャルフィッティングをしたり。スケーターのなかにはモントリオールにトレーニングや振付に来ている人もいるので、そのときに直接会えるのは本当にラッキーでした。

―― 佐藤駿選手の衣装もカロンさんがが手掛けていらっしゃいますし、彼はトレーニングのためにモントリオールに来ていましたよね。

カロン　そうですね。そうじゃないときはぼくのほうが出向きます。直接のフィッティングでも遠隔でも対応できますよ。

―― カロンさんはどんなものからインスピレーションを受けて衣装製作をされているのでしょうか。

カロン　そうですね、絵画に映画に……すべてのものがぼくにインスピレーションを与えてくれます。美しい夕日を見たり、世界中を旅していろいろなものを見たり。特に記憶に残っているのは、イタ

リアに行ったときに、壁がクリームバターみたいな黄色で、窓枠が全部トルコ石の色でできている家があったんです。そこからもインスピレーションをもらいましたよ。こんな色のドレスを作ってみたいと思った。どこにでもインスピレーション源はあるんです。

―― 衣装デザイナーとして、一番印象深い経験はなんでしょうか。

カロン　とてもありがたいことに、スケーターたちとのすばらしい思い出はたくさんあります。ディズニーと仕事をしたこともあって、そのときは「アナと雪の女王」のナンバーの衣装を製作しました。既存のキャラクターのスケートバージョンの衣装を作るというのは、すばらしく、とても心躍る経験でした。カナダのテレビ番組「Battle of the Blades」から依頼されたもので、この番組の間、ディズニーは「アナと雪の女王2」のプロモーションをかけていたんです。それで彼らはぼくにこの作品の衣装をオファーしてきた。このナンバーに登場するキャラクターすべての衣装を作りました。すでに存在しているキャラクターの衣装を作るというのは、最高で貴重な経験でしたね。それと、マテル社と仕事をしたこともあります。マテル社がテッサ・ヴァーチューへのオマージュのバービー人形を発売したときに、バービーをテッサに作り替える仕事をマテル社としたんですよ。テッサ・バービーが着ていたのは、2018年の平昌オリンピックのときのプログラム、「ムーラン・ルージュ」のドレスでした。これも本当にすばらし

上薗恋奈「Scream & Shout」（2024年スターズ・オン・アイス大阪公演）
©World Figure Skating/Shinshokan

い経験だった。

―― では、これから衣装デザイナーとして目指す目標は何でしょうか。

カロン　ぼくはショーのために衣装をデザインすることが本当に好きなんです。日本にはたくさんのショーがありますよね。もっとショーのための衣装を作りたい。それと、より多くのスターに衣装を製作したいかな。歌手とかにもね。

―― 素敵なお話をありがとうございました。

氷艶 hyoen 2024 －十字星のキセキ－

高橋大輔 ✕ 小野田龍之介

日本文化とフィギュアスケートを融合したアイスショー「氷艶」が5年ぶりに帰ってくる。
6月に上演される第3弾「氷艶 hyoen 2024 －十字星のキセキ－」は、
『銀河鉄道の夜』をモチーフに、
2019年に続いて宮本亞門が演出し、脚本を坂口理子が担当。
ゆずの楽曲が全編を彩る新作への思いを、
主演の高橋大輔と、小野田龍之介に聞いた。

氷上のスピード感

—— お2人の初対面は？

高橋・小野田 このスケートリンクです。

小野田 ぼくが出演することが決まって、一度ちょっとお試しということで滑りに行った日、ぼくたちの練習のあとに、ちょうど高橋さんたちの練習が入っていたんです。帰り際にすれ違って、「よろしくお願いします！」と挨拶して、もうそこからマブダチです。

高橋 （笑）

—— 高橋さんは、ミュージカルもご覧になられていると思いますが、小野田さんの舞台は？

高橋 ……。（首をかしげる）

小野田 ずいぶん損してますね。（笑）これまで何を見ましたか？

高橋 最近だと、『ロミオとジュリエット』とか、『ムーランルージュ』とかですね。以前も時間を見つけて観に行っています。

小野田 まあ、きっとここで出会う運命だったんです！

—— 小野田さんは、高橋さんにどんな印象をもっていましたか？

小野田 みなさんと同じだと思いますけど、「素敵に滑りはるわ〜」というのが第一印象です。高橋さんがメディアに出始めたのって、何年くらい前？

高橋 19歳ぐらいかな。

小野田 じゃあ、2年前くらいですね。いま21歳でしょ（笑）。

高橋 そうそう（笑）。

小野田 役者もアーティストだと考えたら、高橋さんは違うジャンルのアーティストの方で、やっぱり実際に見ると、スピード感がすごい。普通に我々が陸地で芝居をするのとはまったく違う表現で魅了されているので、素晴らしいですよね。

—— 高橋さんは、実際に一緒に稽古を始めてみて、小野田さんについて最初と印象が変わったり、気が付いたりしたことはありますか？

高橋 印象はとくに変わってはいないですが……

小野田 出会ったときから、体幹がいいって言われています。

高橋 滑っている時も安定感がすごくて、なかなかこういう方はいないですよね。体幹がいい。あと、本当にすごくしゃべってくれます。

小野田 じつはうるさいと思ってる？

©Yazuka Wada

高橋大輔
1986年3月16日、岡山県出身。日本男子初のオリンピックメダリスト、世界チャンピオン。2020年、村元哉中をパートナーにアイスダンスに転向し、2022年四大陸選手権で2位、2022年全日本選手権優勝、2023年世界選手権11位（日本最高位タイ）。同年5月、競技を引退。2024年2月には、全面プロデュースを手掛けた「滑走屋」を福岡で開催。

高橋 いやいや。ありがたいです。ぼくが頼りたいと思っているくらいなので。

小野田 そのあたりは大丈夫です！

—— 小野田さんは、もともとダンス経験がおありなので体幹がしっかりしていらっしゃるのでしょうか。高橋さんはアイスダンサーでもあり、陸のステージでも踊ったことがあるので、ダンスもお2人の共通点ですね。

小野田 ぼくは、舞台の世界にはもともとダンスから入っているんです。子どものころから踊っていたので。

高橋 あ、そうなんですか？ じゃあ、ダンスがお好きなんですね。

小野田 というか、いまも現役のダンサーですけど（笑）。

ゆずの楽曲と世界観

—— 今回の「氷艶2024」では、小野田さんと高橋さんが、『銀河鉄道の夜』のジョバンニとカムパネルラにあたる「トキオ」と「カケル」を演じられます。全貌はまだ明かされていないのですが、どんな作品になるのでしょうか。

小野田 じつは我々もまだ何を正解としてお客様に提供するかがわからない段階で……

高橋 いまのところ、内容も頻繁に変わったりしています。2人の関係性としては、すごく仲のよい友人同士なのですが。

小野田 2人がどうなっていくかが描かれている感じです。仲のよかった2人が離れたあとに、結構いろんなドラマが入り混じってきたり。現代に置き換えた社会派なメッセージがとても多くこめられていて、その部分はたぶん変わらないと思うんですが。

—— 公式サイトには、まだお2人の役名しか明かされていないのですが、お2人がメインで活躍される感じなのでしょうか。

高橋 結構ずっと出てると思います。

小野田 高橋さんは銀河鉄道の世界の人で。

高橋 小野田さんはひとりだけ現実を生きる人。

小野田 ぼくの演じるトキオは、どちらかというと、いろいろなものを目のあたりにして、物語のなかを進んでいくタイプの役で、高橋さんのカケルは、物語を導いていく、繰り広げていくタイプの役です。

—— 高橋さんは、前回の「氷艶」では歌も披露されていましたが、今回は、セリフや歌はどんな感じになるのでしょうか。

高橋 セリフも歌も思ったより結構あります。でも、1人で歌うのではなく、みんなと一緒に歌うことが多いです。

—— それで、もちろん滑りも？

高橋 はい、そうでないと（笑）。ぼくはそれしかちゃんとできることがないですから。あとはみんなに頼っています。

—— 小野田さんも滑られますか？

高橋 滑ります、滑ります。

小野田 氷の上のお芝居なので、普通に歩いていても滑ってしまうというのはありますけれど。いま、いろいろ考えな

©Yazuka Wada

小野田龍之介
1991年7月12日、神奈川県出身。幼少よりダンスを始め、ダンスで舞台経験を踏みながら、その後多数のミュージカルに出演。2011年 シルヴェスター・リーヴァイ国際ミュージカル 歌唱コンサート・コンクール ＜リーヴァイ特別賞＞受賞。主な出演作に、『West Side Story』(トニー、リフ)、『ミス・サイゴン』(クリス)、『レ・ミゼラブル』(アンジョルラス)、『メリー・ポピンズ』(バート、ロバートソン・アイ)、『マチルダ』(ミス・トランチブル)、『マリー・アントワネット』(オルレアン公)他多数。2024年7月『ピーター・パン』出演

がらやっているところで、みなさんと同じように滑りながら物語を展開していくのがいいのか、逆に最初は普通の靴でそこにいるけれど、気づいたらスケート靴になってパーっとみんなと同じスピード感になっていくとか、そういうちょっとした区別があってもいいのかな……とか。いま基礎的なスケートのトレーニングはさせていただいているんですが、それがどういう形になるかはまだわからないです。

―― 全編でゆずさんの音楽が使われることにももちろん注目度が高いですが、いかがですか。

高橋 最初はこれまでそういう意識で聞いたことがなかったので、ゆずさんとスケートというイメージがなかったんですが、台本に沿って曲がアレンジされることで、なんかはまってくるなというのは、やっていくうちにどんどん感じています。みんなでストーリーに合ったゆずさんの曲を歌っていきます。

小野田 もしかしたら、普段はちょっとノリのいい曲なのに、バラードっぽくなっていたり、そういうアレンジはきっといっぱい出てくると思います。歌と物語の世界観がめちゃくちゃマッチしていて、すごいなと思っています。

―― 主題歌もゆずさんの新曲だそうですが。

小野田 素敵でした！ さきほど我々2人だけ先に聞かせてもらったんですけれど。

―― 曲の印象を一言で言うと？

高橋 とくに最後が感動します。希望を感じるというか、その先へ行く、次に向かっていく、というような。すごく素敵な印象の曲でしたね。

小野田 右に同じです(笑)。物語としては、現実的で生々しいお話とか結構あるんですけれども、この曲でもう1回人生を取り戻そうよと先が開けていく。ただノリノリのいい曲という意味でなく、光が差し込んでくる感じの音楽になっていて、きっとあの歌で滑られたら、なんか後光が差すんじゃないかな。

高橋 この曲、みんなで滑るのかな？

小野田 ぼくは滑らない(笑)。

高橋 いや、結構宮本亞門さんは滑らせますよ(笑)。

―― 歌について、小野田さんから高橋さんに何かアドバイスはありますか。

小野田 アドバイスなんてないですよ！ でも、きっと普段高橋さんがやっていることと全く違うので、すごく不安そうな感じには見えます。だからもうそんなことは考えずに、本当に思いのままを音楽に乗せて喋ればいいと思って、開き直って歌ったらいいんじゃないかと思います。コンサートじゃないですから。ぼくたちも毎日こうして練習していれば毎日前へ進んでいるんだろうと、開き直って滑っているので(笑)。

新しい出会い、新たな挑戦

―― 高橋さんは、2月の「滑走屋」ではアイスショーを全面プロデュースしました。「氷艶」は、まったく違った立場で臨む公演となりますが、楽しみにしていることは？

高橋 「氷艶」では、いつも絶対に刺激を受けて学ぶことができるのが一番うれしい。自分の楽しみであったり、表現に関しての新しいことに挑戦させていただいて、自分の知らない自分を発見させてもらっているというのを毎回感じています。だから、自分が試されることも楽しい。あとは、出会いですね。今回の小野田さんのように、スケートとは違う世界の方と出会うことによって、視野が広がる。自分だけの小さい世界にいると、そのなかしか見えなかったりしますけど、いろんな出会いによって、自分の考え方が変わったり、新しいことをやってみたり、どんどん世界が開けていくなと思います。

―― 高橋さんにとって、亞門さんとは2度目のタッグとなります。

高橋 亞門さんとは「氷艶hyoen2019 −月光りの如く−」で一度やらせていただいていますが、あれから時間も経って、ぼくもいろんなことを経験したと思うので、いまできる全力をやっぱり見つけるしかないかなと思っています。

―― では、今回のテーマ『銀河鉄道の夜』は、ジョバンニとカムパネルラという親友のお話でもあると思いますが、お2人にとって、「親友」とはどんな存在ですか。

小野田 普段から連絡をとっている印象はないですよね。ベタベタしているのが仲がいいとは思わないというか、何かあったときに大丈夫か？と手を差し伸べ合えるのが親友という感じがします。

高橋 ぼくが親友というか、気を遣わないでいいと思う相手は2人くらいしかいないです。お互い自由でいられるというのかな……嫌だなと思うところもまあいいかと思える。縛り合わないし、干渉しあわない。でもお互いに相手のことを尊重するというか認めるというか。

小野田 我々みたいな仕事って、お互いにリスペクトできるからこそ、そういうふうな関係になれると思う。ぼくは3人目になれるようにがんばりたいなと思います(笑)。

―― 楽しみにしています。ありがとうございました。

(2024年4月中旬に取材)
取材・文：編集部
Text by World Figure Skating

公演情報 「氷艶 hyoen 2024 −十字星のキセキ−」6月8〜11日16：00／横浜アリーナ Hyoen.jp
出演：高橋大輔、小野田龍之介、荒川静香、エハラマサヒロ、村元哉中、友野一希、島田高志郎、長谷川開、エリアンナ、まりゑ ほか
スペシャルゲストアーティスト：ゆず
演出：宮本亞門 脚本：坂口理子 主題歌・劇中歌：ゆず 劇中曲・アレンジ：川井憲次 振付・所作指導：尾上菊之丞 振付：宮本賢二、鈴木明子、avecco

INTERVIEW

Junu Lee
イ・ジュヌ
ミュージカル俳優

舞台への情熱を
届けるために

1996年10月28日生まれ。本名のイ・ジュンヒョンとして韓国選手権のタイトルを3回獲得し、韓国の男子シングル選手として初めて2015年ジュニアグランプリファイナルに進出。2017年のネーベルホルン杯で韓国に平昌オリンピック出場枠をもたらした。2021年に現役を引退。同年「ラ・レヴォリュシオン」でミュージカル俳優としてデビューし、以降小劇場を中心に「V Ever After」「ミス」「ブラザーズ・カラマーゾフ」などで伸びやかな歌声と幅広い演技力を披露。2024年3〜4月は「イソップ物語」に主演した。4〜6月には「パガニーニ」で初の大劇場公演に進出する。

©World Figure Skating/Shinshokan

イ・ジュンヒョン「ロミオとジュリエット」（2016年世界選手権）
©Japan Sports

　韓国男子として初めてジュニアグランプリファイナルに進出、世界選手権や四大陸選手権にも出場したフィギュアスケーターが、引退後にミュージカル俳優へと転身……そんな異色のセカンドキャリアを切り拓いているイ・ジュヌ（選手時代はイ・ジュンヒョン）。2021年のデビュー以来、小劇場でのミュージカルを中心に主演経験を重ね、順調に活躍の場を広げている彼に、新しいキャリアについてソウルで聞いた。

＊

── 今回、主演された舞台「イソップ物語」を拝見して、素晴らしい歌声に驚きました。現役時代からミュージカルに関心があったのでしょうか。

ジュヌ　もともと歌が好きでミュージカルにも興味があって、競技プログラムで「オペラ座の怪人」を滑ったこともあったんですが、2015年に「ジーザス・クライスト・スーパースター」の舞台を見て、自分も将来はミュージカル俳優になりたいと思うようになりました。

── 引退後、どのようにミュージカル俳優の道に？

ジュヌ　コロナのパンデミックで大会がキャンセルになり続けて、これからの進路を悩んでいるとき、「ジーザス・クライスト・スーパースター」のオーディションがあることがわかり、受けることにしたんです。受けた役はだめだったんですが、別の役を受けてみないかと向こうから連絡をいただいて。それでオーディションに行ったら、周りはみんな音楽関係の出身で、歌を聴いたり楽譜を見たりしている。でもぼくは運動選手出身なので、軽くランニングをしたり、ウォームアップをしたりしてからオーディションを受けました。（笑）それをきっかけに本格的に俳優を目指すことになりました。そして「ラ・レヴォリュシオン」のオーディションで合格して、俳優としてデビューしました。役をいただいて、フィールドに直接飛び込むみたいな感じになった。ものすごく練習して初舞台に臨んだんです。幸い、無事に初舞台を演じ終えました。

── スケートと舞台、いちばん違うなと思ったのはどんなことでしたか。

ジュヌ　スケートは1人でやるものですが、舞台はほかの俳優と台詞を交わしたり、目と目が

合ったり、感情がぶつかったりすることが特別だと思います。ぼくは稽古がいちばん楽しくて、これがどんな作品になるんだろうと想像しながらみんなで作っていくのが楽しいし、本番前のリハーサルで初めて形になった舞台を目にするのは本当にどきどきします。完成したものを見ることで新しく見つかることもあって、それも楽しいです。

—— 選手時代の経験が役に立っていると思うことは。

ジュヌ　試合ではすごく大きな会場で滑ったことがあるから、それよりは劇場は小さいし（笑）、あまり緊張しません。以前は1人で滑っていたけどいまはみんなと一緒ですし。練習に必要なスタミナがあって、たぶんメンタルも強いほうなので、あまり疲れません。動きがある場面でも自信をもって動くことができます。

—— 舞台俳優の仕事で大事だと思う点はどんなところでしょうか。

ジュヌ　まず、台本を読んだり、音楽を聴いたりしながら想像力を働かせるのが大切ですよね。俳優である自分自身が、「この物語は本物だ」と思うことがなにより重要だと思います。舞台上でその役柄の人生の全部を見せるわけではないので、ぼくはまず日記を書いてみたりして、人物のそれまでの物語を自分のなかで作り上げるようにしています。新しい人物を作り上げて、演じるのは本当に楽しいです。

—— いまは「パガニーニ」にご出演中ですが、どんな役作りをされていますか。

ジュヌ　パガニーニの息子アキレの役で、舞台のナレーターでもあります。舞台を最初に開けて、最後に閉める役回りなので、劇場全体をどう導くかということを考えながらやっています。大きな劇場で演じるのが初めてなので、お客さんにきちんと伝えること、理解してもらうことをすごく意識していますね。こんな大編成のライブバンドと一緒に合わせながら歌うのも初めてなので、自分の演技以上に外部との関わりに気をつけながら舞台に臨んでいます。

いています。

—— 日本でも韓国ミュージカルがライセンス上演されることが増えてきているのですが、韓国ミュージカルの魅力を教えていただけますか。

ジュヌ　韓国ミュージカルは素材やアイディアがすごく豊富です。創作に携わる人たちが、みんな情熱をもっているのが感じられます。いろんなアイディアがあって、多様な作品が作られている。その多様さを感じられるところが魅力じゃないかな。ぼくは「メイビー・ハッピーエンディング」という作品が前から好きで何度も見ているんですけど、音楽もストーリーもよくて、どんな人でも好きになれるウェルメイドな作品だと思うので、おすすめです。

—— いま、韓国の現役スケート選手たちが大活躍していますが、どんなふうに見ていますか。

ジュヌ　いまも競技をよく見るんです。ネットの動画のことが多いけど、2023年の韓国のナショナル大会を直接見にいって、みんな上手だなと感心しました。ぼくが現役のころはまだ小さかったソ・ミンギュ選手とキム・チェヨン選手の演技を初めて見て、素晴らしいと思ったし、応援しています。

—— 日本の選手で印象に残っているスケーターはいますか。

ジュヌ　昌磨！　彼の演技が大好きです。それに、草太の最近の試合を見ましたよ。2人とはジュニアグランプリファイナルで一緒に試合したんです。「久しぶり！」って思いました。

—— 選手時代に刺激を受けた人は？

ジュヌ　小さいころからジェフリー・バトルさんがずっと好きで、プログラムを振付けてもらったこともあります。ジョシュア・ファリスさんも好きでした。もちろん、ぼくはクリケットクラブでも練習していたので、羽生結弦さんが韓国語で挨拶してくれたりしたのもよく覚えています。あのとき、マスクを着用して、ショートとフリーをクリーンに滑った姿を忘れません。

—— スケーターは引退後のセカンドキャリア

を考えるときが必ず来ますが、新しい道に進んでいる立場から、後輩たちに何かアドバイスはありますか。

ジュヌ　以前は選手を引退したら振付師になりたいと思っていました。自分やほかの選手のプログラムをいくつか振付けたことがありますし、ミュージカル俳優になるとは本当に思わなかったんです。でも、スケート以外にも道はあるので、普段、いろんな経験をしてみたり、趣味を作ったりしながら、ほかのことを探してみることから始めたらいいんじゃないかと思います。

—— 試合で日本にいらしたこともありますが、日本の思い出は？

ジュヌ　たくさんありますよ。日本のごはんが好きだし、さまざまなメディアも大好きです。家にガンダムのプラモデルがあるし、ゲームもあるし。試合だと初来日だった大阪の四大陸選手権がすごく記憶にあって、スケーターズラウンジに並んでいたおにぎりが美味しかったなあ、ホテルのラーメンもよかった、とか。（笑）渋滞があまりないのも印象的だったし、コンビニもよく行きました。

—— 最後に、今後の夢や、実現したいことはありますか。

ジュヌ　「パガニーニ」で初めて大劇場に立ってみて、小劇場とは違う魅力があると感じました。ぼくが夢を見るきっかけになった「オペラ座の怪人」、「ジーザス・クライスト・スーパースター」へ出演できるときまで、がんばりたいと思います。将来はミュージカルのほかにも、映画やドラマなどのジャンルに挑戦してみたい。歌いたいという気持ちで飛び込んだミュージカルの世界ですが、最近は演技に対してすごく真剣に取り組んでいるので、もっと深めていきたいです。

（2024年4月中旬、ソウルにて取材）

取材・文：編集部　通訳：イ・ミンジョン　コーディネート：キム・ヒョンジン　Text by World Figure Skating, Translation by Lee Minjung, Coordinated by Kim Hyunjin

公演情報 ————

「パガニーニ」
ソウル・国立中央博物館劇場／公演中〜6月2日
チケットサイトinterpark global (https://www.globalinterpark.com/) などで日本からも購入できる。

「パガニーニ」ではパガニーニの息子アキレ役を務める

WASEDA ON ICE 2024
～まばゆい青春の輝き、満ちて～

文：編集部　Text by World Figure Skating

新SP「君の瞳に恋してる」(「Can't Take My Eyes Off You」)を初披露した島田高志郎

馬場はるあ

西浦穂香

岡島右京「トスカ」

グループナンバー「スーパーマリオブラザーズ」。マリオに扮しているのは島田高志郎

（左から）川畑和愛、島田高志郎

ゲームプレイヤーを演じた岡島右京
Photos ©World Figure Skating/Shinshokan

　3月8日、東京・東伏見のダイドードリンコアイスアリーナにて、早稲田大学スケート部による「WASEDA ON ICE 2024」が開催された。早稲田大学スケート部は2023年度に100周年を迎え、「100周年記念公演」と銘打っての開催となった。

　現役生それぞれの個人演技のほか、部員自らが振付けたグループナンバー「スーパーマリオブラザーズ」「ハリー・ポッター」(振付：岡島右京)「リトルマーメイド」(千葉紫織)、そしてOBOGも加わった壮大なナンバー「Time to Say Goodbye」(八木沼純子) も披露され、学生の瑞々しい発想を活かしたエンターテインメントを客席に届けてゆく。群舞のなかには町田樹、武田奈也、第1回の「WASEDA ON ICE」の際に主将を務めていた永井優香の姿もあった。「スーパーマリオブラザーズ」には敵役としてホッケー部門やスピード部門の部員も出演し、部門の枠を超えた競演に会場は大いに盛り上がった。

　演技が終わると、このショーで部を引退する岡島右京、島田高志郎、西浦穂香、馬場はるあら4年生と、競技引退をこの場で発表した3年生の川畑和愛が挨拶。出演が叶わなかった4年生の西山真瑚もビデオメッセージを寄せた。

　そして、福原美和の監督退任も発表され、リンクの上から客席に向かって挨拶したのち、部員から花束が贈られた。

　青春と惜別が入り混じる雰囲気に包まれ、ショーは幕を閉じた。

©World Figure Skating/Shinshokan

岡島右京 （早稲田大学商学部4年／主将）
Ukyo Okajima

見ていただくという気持ちを大切にして

―― キャプテンの目線から見て、早稲田大学スケート部はどんな雰囲気ですか。

岡島 早稲田のスケート部って、いろんなレベルの部員がいるなかでも、レベルを気にせずにやろうという、すごくいい雰囲気の部活です。そういった面は例年と変わっていないと思います。いっしょに地方のリンクに行って、一般滑走でお互いに教えあったりとか、学年を超えて仲のいい、高め合おうという意識がすごく高い雰囲気だと感じてます。

―― この1年、部を率いていくうえで気をつけたことはありますか。

岡島 大学生までスケートを続けるって、簡単なことのようですごく難しくて、時間のこと、進路のこと、費用のこと、いろんな問題があります。せっかく大学まで続けたのであれば、入ってよかったな、スケートが楽しいなと思ってもらえるようにと意識をしていました。部員に分け隔てなく声をかけたりとか、ストレスのない環境を作ることは意識しました。

―― スケート部でのいちばんの思い出はなんでしょうか。

岡島 「WASEDA ON ICE」は部としても、自分のスケート人生のなかでもいちばんのビックイベントだなと思っていますね。とくに第1回の「WASEDA ON ICE」、ぼくが1年生の頃に出たときは、コロナでお客さんはいなかったんですけど、スケートを見せる舞台を設けていただいたことは、ここまで続けてきてよかったなと思えました。そういう経験があったからこそ、後輩にもスケートを楽しんでもらいたいっていう気持ちが強いのかなと思います。

―― 今回、キャプテンとしてショーにこめた思いを聞かせていただけますか。

岡島 100周年なので、OBOGの方やホッケーやスピードの方に出ていただき、ちょっと豪華なものにしたいなっていうところはありました。あとは見ていただくという気持ちを大切にして、謙虚な気持ちで練習に臨むようにというところはすごく大事に伝えたことだと思います。

―― 卒業後はスケートとどう関わっていく予定ですか。

岡島 一般企業に就職するのですが、ジャッジに興味があるので、勉強してがんばろうかなと思ってます。 ■

島田高志郎 （早稲田大学人間科学部4年）
Koshiro Shimada

いろんな色の情熱

―― 本番を前に、いまどんなお気持ちですか。

島田 大学生の部活ならではのあたたかいムードのなか、真剣にやっている子たちも、趣味で本当にスケートが楽しくてやってる子たちもたくさんいます。スケートが好きなんだという気持ちは共通していて、グループナンバーをいっしょに作ったり、突き詰めていく時間はとてもかけがえのない、本当に大学生ならではの時間を過ごせてるなと思います。

―― 世界で活躍する島田選手だからこそ、部ではこういう背中を見せたいとか、意識していることはありますか。

島田 ショーを作るとなると、1人1人の向き合う姿勢がちょっとでもゆるんじゃうと時間も遅れちゃいますし、進行もうまく進んでいかないところがあります。自分が真剣に取り組んでるという姿勢を見せることで、みんなもやらなきゃっていう気持ちになってくれるのかなと思うので、そういうところはちょっと意識しています。

―― 早稲田の同世代の学生さんたちとの練習はいかがですか。

島田 スイスでの練習と、大学生のみんなと和気あいあいと楽しく自分のスケートを突き詰めていく時間の過ごし方はだいぶ違いますね。スイスにいるときはしんどいときもあるんですけど、こうやってみんなと楽しく過ごしている時間も必要だなと思ったり、なんならいちばん楽しいなと思ったりしています。

―― 青春を感じる瞬間はありましたか。

島田 みんな1人1人がいいものを作ろうとする現場がすごく大好きで。1つのものにいろんな色の情熱が向き、いっしょになってがんばっているこの現場がすご

©World Figure Skating/Shinshokan

く好きなので、それが自分にとっての青春だなと思います。

―― 今回はどのナンバーを滑られる予定ですか。

島田 シェイリーン・ボーンさんに振付けていただいた、来シーズンの新しいショートプログラムを滑ります。ステップシークエンスの足は決めたんですけど、手は決まっていません。本当に未完成なんですけど、滑りたいなと思っちゃったので、この場を借りて滑らせていただきます。 ■

WASEDA ON ICE 2024

八木沼純子 <small>（早稲田大学スケート部フィギュア部門コーチ）</small>
Junko Yaginuma

「Time to Say Goodbye」は、旅立ちの歌

—— スケート部とは、いまどんな関わり方をされているのですか。

八木沼 一昨年から、福原美和監督のもと、コーチとしてスケート部フィギュア部門を担当しております。

—— 今回の「WASEDA ON ICE」のなかで、どんな場面が印象に残りましたか。

八木沼 一昨年、昨年、そして今年も、準備段階から岡島右京主将を中心に部員一同でテーマを考え、構成し、振付もそれぞれの部員が行っていく過程を見ていました。なので、どれも大変思い入れがあり、印象に残っています。

—— 振付を担当された「Time to Say Goodbye」にこめた思いや練習についてお聞かせいただけますか。

八木沼 今回の「WASEDA ON ICE」に関しまして、主将から振付をお願いしたい、と依頼がありました。ただ、まさかこんなに大勢が出演するグループナンバーを担当することになるとは思っていなかったので、少し戸惑いもありました。ですが、プリンスアイスワールド出身者として大勢で滑るナンバーは経験がありましたので、そのあたりも少し参考にしています。「Time to Say Goodbye」は、別れの歌ではなく旅立ちの歌だと考えています。早稲田大学スケート部も100周年を迎え、次の200年に向けて新たに皆で旅立つ……先輩方から受け継いだ伝統を引き継ぎ、後輩達がそれぞれの考えを取り入れながら継承してゆく、新たに作り上げてゆく。進む道は違えど早稲田大学スケート部での思いを胸に旅立って行く……そんな意味合いも込めて、この曲を選びました。そして、卒業生たちは19名参加しましたが、それぞれの現場で仕事をしながらの参加となりました。少しずつ時間を割いて、5人、6人、10人と部練に参加してくれて、最終的に全員が揃ったのは本番の滑りの時となりました。（笑）現役生も他のナンバーの振付もありましたので、そのなかで卒業生たちと合わせて滑ることも数回のみ。ただ、すごいと思ったのは、本番での強さ。さすがスケーター、氷におりてスポットライトを浴びると強さ100倍！ 本番の滑りはうしろで見ていてハラハラしながらも力強く滑るメンバーに感激しました。

—— 卒業生たちへのエールをお願いします。

八木沼 この早稲田大学スケート部で培ったことは、必ずや新しい環境のなかで生かされていくものと思います。幼少の頃にスケートと出会い、フィギュアスケートの楽しさや達成感、時には挫折を経験したこともあると思います。でも、最後まであきらめずにがんばることで大きな自信にもつながっていることでしょう。新しい環境での彼らの活躍を心から祈っています。

—— これからのスケート部に期待することはなんでしょうか。

八木沼 フィギュア部門の部員全員が目標に向かって1つ1つがんばっていってほしいですし、それをサポートできるように私自身も協力していければと思っています。

—— スケート部に入りたいと思っている方へアドバイスはありますか。

八木沼 入部希望大歓迎です!! いつでもお待ちしております。

—— 八木沼さんのコーチでもあり、今回で監督を引退なさる福原美和先生はどんな存在ですか。また、先生から学んだことで最も大切なことは？

八木沼 福原美和先生は、私が5歳のときから現役を卒業するまでコーチとして、また公私に渡り大変お世話になりました。現在も同じ神宮外苑スケート場のインストラクターの大先輩としていっしょにリンクに立たせていただいております。先生は、私が競技生活を送っているときから、早稲田大学スケート部フィギュア部門の監督として活動なさっていました。私が選手の時にいつも言われていたことは色々あるのですが、フィギュアスケーターとして滑ることだけではなく、舞台を観る、絵を鑑賞する、踊る、街に出てウィンドーショッピングをする、いま何が流行っているのか、そして、自分の個性を作り上げること、様々なことに興味をもって吸収しなさい、それが滑る上で生きてくるから、ということをよく言われていました。私自身も一昨年からコーチとしてフィギュア部門に携わらせていただいていますが、今年4月からは福原先生の後を引き継ぐこととなります。先生からの教えを胸に、微力ながらサポートしていければと思っております。■

八木沼が振り付け、現役生とOBOGが競演を果たしたプログラム「Time to Say Goodbye」©World Figure Skating/Shinshokan

石塚玲雄 _(OB)
Leo Ishizuka

みんなで作り上げるショーはすごく貴重

—— 久しぶりに「WASEDA ON ICE」に参加してみていかがでしたか。

石塚 OBOG含め現役生もすごいメンバーがそろっているので、そのなかでいっしょに滑らせてもらってすごく幸せだなって思いました。（いまのスケート部は）本当にみんなで盛り上げていくという雰囲気があって、すごく部活らしいところもあるので、見ててほっこりします。

—— 引退されてからはコーチ業を始められましたね。

石塚 基本的には1からスケートを始めたちっちゃい子をレッスンしてるので、まだ級をとってない子たちを教えています。年齢的にも小学校低学年の子が多いので、その子たちといっしょにコツコツやっているという感じです。

—— 普段レッスンされているなかで大切にされていることは？

石塚 なるべく子どもと同じ目線で物事を見るようにというのは気を付けています。ぼくのコーチであった染矢慎二先生が、スケーターである前に1人の人間として挨拶とか時間を守るとか、そういったことをすごく大事にされていた先生だったので、自分が先生になってやっぱりそういうところはスケート以前に大事だと思いました。

—— コーチとして、スケーターとして、達成したい目標はお持ちですか。

石塚 じつは今年の6月からイギリスのアイスショーに出演するんです。コーチ業のうえでも引き出しが増えると思って、挑戦することにしました。やっぱりこれからもスケート界に貢献し続けたいので、これからの若い子たちがもっともっと活躍するスケート界になればいいなと思います。なるべく1人1人の魅力が発揮で

©World Figure Skating/Shinshokan

きるような、そういう環境を整えてあげれるようなコーチになりたいです。

—— 早稲田のスケート部に託す思いはありますか。

石塚 「WASEDA ON ICE」を目指して早稲田に入りたいっていう子も出てきてくれるかもしれない。やっぱりそういった意味でもこうやってみんなで作り上げたショーっていうのがすごく貴重だと思うので、続けるのは大変だと思うんですけど、なんとかぼくたちも協力しながら続けていってもらえたらなと思います。 ■

©World Figure Skating/Shinshokan

武田奈也 _(OG)
Nana Takeda

文武両道の大切さ

—— いまスケート部にはどのようなかたちで携わっていらっしゃるんですか。

武田 教え子の西浦穂香と木南沙良が在籍しています。今回OGとして出演させていただくのと、教え子（西浦）の引退を見届けたいなと思って来ました。

—— 今回は何のナンバーに参加されるのですか。

武田 グループナンバーの「Time to Say Goodbye」です。夫が北海道のアイスホッケーのチームに所属していて普段は北海道なので、なかなか練習に参加

できなかったんですけど、私がいたときよりも人数が増えたし、みんな仲良く和気あいあいとしてて、青春してるなって感じがして、すごくうらやましかったですね。

—— ご自身が部員でいらっしゃったときの印象深い思い出は？

武田 初めてのインカレで優勝したんですけど、早稲田大学にどうしても入りたくて、小学生の頃からずっと夢見てたので、その早稲田大学の部員として優勝できたのはすごく印象に残っています。八木沼さんも早稲田でしたし、中学生ぐらいのときにすごく好きで憧れていた荒川静香さんも早稲田に入っていたので、私も早稲田に入るものだと思っていました。

—— 実際に入られてからはいかがでしたか。

武田 スケート部は当時はインカレで集

合するという感じだったので、いまの環境がすごく羨ましいなと思います。早稲田は文武両道で、憧れて入らせてもらったんですけど、卒業するのにすごく大変だったんです。できるだろうとちょっと甘く考えていたんですけれど、本当に学校の勉強もしっかりやらないと卒業できない。でもいま思うと、本当に文武両道の大切さっていうのもわかるので、そこでスケートをがんばれる子たちが今後もたくさん出て行くと思うと、なんだか誇らしいなと思います。

—— 現在のスケート部に関して、素敵だなと思うところは？

武田 トップ選手から、大学からスケートを始めた子までいて、レベル関係なくみんな協力し合って楽しそうにしてるところを見て、すごくいいチームだなと思いました。 ■

WASEDA ON ICE 2024

©World Figure Skating/Shinshokan

町田 樹
Tatsuki Machida

國學院大學 准教授
（2020年早稲田大学大学院スポーツ科学研究科
博士後期課程修了）

想いと経験が交錯するアイスショー

―― ご出演することになった経緯を教えてください。

町田 主将の岡島右京さんから「早稲田スケート部が100周年ということで、出演していただけますか」という打診がありました。早稲田100周年というのは本当にものすごいアニバーサリーですし、明治神宮のリンクで福原先生にもありがたいことに「あなた、出なさい」と言っていただきまして、もうこれは出るしかないなと思い、群舞の一員として出演することを決めました。でもよく考えると、私だけ唯一この「WASEDA ON ICE」に出る資格がないんですね。なぜならば、早稲田スケート部に所属していなかったからです。大学院の進学式の際に、永井優香さんに大隈像の前で勧誘されましたが（笑）、私はもうそのときすでにスケーターを引退していましたからね。お断りしました（笑）。コロナ禍の1年目に永井さんの代が作りあげたものが、こうして綿々と先輩と後輩の関係の中で受け継がれていって、そして年々進化しているショーなので、やはり少しでも協力できたらいいなという気持ちもありました。ただ、私はもう基本的に氷の上に演者としては立たないということを決めています。ワークショップでのレッスンや振付の仕事はしますけど、あまり表舞台に立つべきではないと思っているので、今回が最初で最後ということだと思います。

―― 主将の岡島さんとは以前からつながりがあるそうですね。

町田 私が早稲田で行った講演会にも来てくださり、熱心に話を聞いてくれました。以降、彼とは早稲田のイベントなどを通じて、いろいろとお話をさせていただいておりました。彼が小さい頃にもショーで共演したことがあります。

―― 現役生とOBOGが集結した「Time to Say Goodbye」に出演してみていかがでしたか。

町田 アイスショーのはじめと終わりの群舞は出たことがありますが、まだまだ群舞経験は少ないので、みなさんにご迷惑をおかけしないようにと思って。今回も出演の4時間前まで教授会をやっていて、リハーサルも1〜2回だったので、一歩目に出す足を間違えてしまいました。（笑）1人だけ違う足を出していました。早速ご迷惑をおかけしてしまっていると苦笑いをしましたが、気にせず気持ちよく滑れました。

―― 町田さんにとって早稲田大学はどんな場所ですか。

町田 いまの研究者の私を形作ってくれたところです。スケート部には入ってなかったですが、早稲田大学というアイデンティティは私のなかにもある。恩をお返しするというか、早稲田の一員として協力したいと心から思いました。本来だったら部員でない私に声がかかることはなかったはずですが、みなさんが慕ってくれてお声がけくださったことは本当にうれしいことです。

―― グループナンバーではいちばん最後にコールされていましたね。

町田 それは昨日知らされて、「1人30秒ありますので」って言われて、どうしようと思いました。人生に多少刺激があったほうがいいかなと思って、久方振りに3Tを跳ぼうと決めました。（昨年5月の）「エチュードプロジェクト」以来、一切跳んでいないですから、10ヵ月ぶりくらいですかね。昨日ちょっと練習したのですが、今日はぶっつけ本番。この後に控える自分のバレエ公演の本番のためにあのヒリヒリした緊張感をちょっと久しぶりに味わっておこうという思惑もありました。

―― 部員の方の卒業のセレモニーもありました。

町田 （競技引退を決めた）川畑（和愛）さんもちゃんと覚悟を持ってというか、スピーチされていましたね。非常に感銘を受けました。彼女はスケートからちょっと離れていた期間があったので、引退を表明する場が本来だったらなかったと思うのですが、この「WASEDA ON ICE」という場がそうなったということは、本当に彼女にとってもよかったことだと思います。そういう意味では「WASEDA ON ICE」は、本当に彼らにとっては貴重な場だということをつくづく痛感しました。4年生にとっては引退の演技、最後のラストパフォーマンスの場にもなりますから。いろんな想いと経験が交錯するアイスショーだし、彼らは企画から立ち上げて、運営から経理までやっている。次のキャリアに進むうえでの社会人として必要となるスキルが、この「WASEDA ON ICE」の全ての過程で培われるのではないかとも思っていますので、ぜひこれからも永く続いてほしいと切に祈っています。 ■

久しぶりに観客の前で滑りを披露した町田樹　©World Figure Skating/Shinshokan

©World Figure Skating/Shinshokan

福原美和 （早稲田大学スケート部フィギュア部門監督）
Miwa Fukuhara

スケートだけじゃなくて人間を育てる

―― 今日はどんなお気持ちでご覧になっていましたか。

福原 試合のときには見せないあんな笑顔、楽しそうに滑ってるのを見てて、早稲田のスケート部の監督でよかったなあと感じました。

―― 長い間ずっとご覧になってきて、部員のタイプが変わったなと感じるところはありますか。

福原 変わらないと思います。早稲田の場合、スケートだけじゃなくて人間を育てるっていう方針ですから、やっぱり早稲田に入る人は、自分を成長させようとする方が多いかな。教える先生もスケートだけじゃなくて、人を育てるという感じの先生が多かったんじゃないかなと思いますね。

―― 福原先生の愛弟子の八木沼純子さんも早稲田大学の卒業生ですね。

福原 彼女のお母さんが私より1つ上で、私と同じ学校に行っていたんですよ。先輩と後輩だったんです。で、私がまだ10代の頃、「福原はちゃんとスケート滑ってる?」って、後楽園のアイスパレスに来てくださったんです。

―― 長い間スケートに関わっていて、よかったなと思う点はなんですか。

福原 出会いは大切ですね。大阪の先生の粘り強さや根性からは学ぶことがありました。だから私も粘り強く、生徒ができるまで私ががんばるみたいなことを教わりましたね。

―― 先生が大学生の頃は部員の数はどれくらいでしたか。

福原 私たちは3人ぐらいかな。（いまこんなに多くなって）感激ですよね。羽生くんとか荒川さんたちがいるから、自分も早稲田に行ってみたいっていう気持ちになってるのかなと思いますけどね。

―― 早稲田は学業とスポーツの両立が求められる学校ですが、その点についてはいかがですか。

福原 試合の成績がよくても学校の成績が悪いと部活をお休みして、お勉強してくださいっていう学校だから。いまは選手がいっぱいいますけど、昔は選手というよりご趣味の方が多かったかなと思いますね。

―― 長年この競技をご覧になられて、フィギュアスケートをするうえで何がいちばん大切だと思われますか。

福原 パッと見て明るいこと。男でも女でもね。下手でも、滑っていてぱあっと華がある子を育ててみたいです。島田くんなんかはすごく華があるなと思ってね。踊っていても、なんか目を引いてしまう。去年、世界選手権には行けなかったけれど、「まだぼくがんばります」って言っていました。　■

部員やOBOGの作るアーチで見送られた福原美和　©World Figure Skating/Shinshokan

ショー終演後、出演者全員で記念撮影　©World Figure Skating/Shinshokan

WASEDA ON ICE 2024

NEWS

『RikuRyu! 三浦璃来＆木原龍一フォトブック』発売記念 トーク＆お渡し会が開催

三浦璃来＆木原龍一の初めてのオフィシャルブック『RikuRyu! 三浦璃来＆木原龍一フォトブック』の発売を記念して、トーク＆お渡し会が4月9日、東京・渋谷で開催された。三浦が世界選手権中に痛めた肩の治療のため、「スターズ・オン・アイス」のジャパンツアーに出演が叶わなかった2人だったが、久しぶりに日本のファンの前に元気な姿を見せた。

開演時間の正午、2人の登場を心待ちにするワクワク感が場内いっぱいに広がるなか、所属の木下グループの白いジャージ姿の2人が大きな拍手に迎えられて登壇した。2人も編集に参加し、1年近くかけて完成した初のオフィシャルブックについて感想を求められると、まず三浦は「フォトブックを出版していただいて、すごくうれしいんですけれども、自分が自分たちの本を見るって、すごく恥ずかしい。（笑）でも、すごく素敵な写真がたくさんあるので、見ていただけたらなと思います」と照れながらコメントした。いっぽう木原は、「はじめにこのお話をい

ただいたとき、ものすごくうれしかったですし、普段なかなか見せられないぼくたちをお見せできるかなと、楽しみながら作った本になっています。ただ最初、2人で『売れなかったらどうしよう？ 本当にそうなったら自分たちで買って、お世話になった方に配ろう』と話していたので、本日、こんなにたくさんの方に集まっていただけて、本当に感謝しています」と心からの感謝の思いを伝えた。

続いて、お気に入りのコーナーを聞かれると、三浦は「撮り下ろし」と話し、「普段着ないような、（表紙ビジュアルを指して）こんな感じの服を着て撮った写真があります。そこが私のお気に入りです」と微笑む。木原はプライベートフォトでつづった「ハッピーDays」を挙げ、「あまりSNSにも掲載していない、2人のオフショットのコーナーがあるんですけれども、その1枚1枚が2人のお気に入りです。普段からみなさんが見てくださっているような自分たちが写っているので、一緒に楽しんでいただけたらうれしいなと思

います」とファンに語りかけた。

前半は、参加者から寄せられた質問に2人が答えるトークのコーナー。開催前日の急な告知にもかかわらず寄せられた多くの質問のなかから、表情豊かに答えていく。また、信頼が大事なペア選手同士、お互いをどれだけ理解しているかを○×クイズで答える企画でも、2人の素顔が垣間見られる回答に会場から笑いが巻き起こる場面もあった。この日を待ちわびていた観客のみなさんと同じくらい、2人が今回のイベントを心から楽しみにしていたことが伝わるコメントの数々に、会場は終始温かい雰囲気に包まれていた。

後半は、2人がステージ上でフォトブックを手渡しする＜お渡し会＞。2人は1人1人の目を見ながら、フォトブックと来場者特典のオリジナルステッカーを手渡していく。ファンの方々から温かい言葉をかけられると、2人は恐縮しながら、御礼を伝えていた。イベント終盤には、ファンのみなさんがご自身のスマートフォンで撮影できるフォトタイムも開催。その後、会場との記念写真で思い出を写真に残した。

『RikuRyu! 三浦璃来＆木原龍一フォトブック』は、現在好評発売中です。

参加者から寄せられた質問に答える2人

ステージ上で、140人のファンの方々にフォトブックを手渡し

○×クイズのコーナーも

参加者のみなさんと記念撮影

ファンの方々との楽しいひと時を過ごし、2人は大きな拍手で見送られた

Photos ©Manabu Takahashi

Photos ©World Figure Skating/Shinshokan

男子3位　武田結仁（新潟）

男子1位　西野太翔（神奈川）

男子2位　岡崎隼士（岡山）

女子3位　中井亜美（千葉）

女子2位　和田薫子（愛知）

女子1位　岡田芽依（愛知）

全国中学校スケート大会、
男子で西野太翔、女子で岡田芽依が優勝

　2月4～6日、長野県長野市のビッグハット（長野市若里多目的スポーツアリーナ）において、第44回全国中学校スケート大会が開催され、全国から男女合わせて132名の中学生が参加した。

　男子では、フリーで3アクセルを2本決めた中学2年生の西野太翔がSP、フリーともに首位で完全優勝。だが、演技後には「自分の力を存分に発揮できなくて、点数もあんまり伸びなかったので、そこを次の大会までにできるようにしたい」とさらなる高みを目指した。2位は全日本ノービス選手権優勝の岡崎隼士。フリーを大きなミスなくまとめ、ガッツポーズも

飛び出した。3位は、昨年の28位から大飛躍を遂げた武田結仁。「まさか（表彰台に）乗れると思わなかったからびっくりしました」と初々しい笑みを見せた。4～8位は花井広人、蛯原大弥、高橋星名、田内誠悟、森遼人が続いた。

　女子は、「マレフィセント」に乗せ、大人びた表現力で冷たい心を持つ妖精を演じきった中学1年生の岡田芽依が初出場初優勝。3ルッツ＋3トウなどの大技も成功させ、SP4位から逆転優勝を果たした。思いがけず優勝したことに驚きの表情を見せつつも、「将来オリンピックにも行きたいなと思っています」と大きな夢を語っ

た。2位は岡田と同じ愛知で練習を積む和田薫子。独創性のある美しいスピンを見せるなど、確かな実力を示した。3位には腰の怪我からの回復を図るジュニアグランプリシリーズのファイナリスト、中井亜美。苦しいなかでもフリーでは3アクセルに挑むなど、ファイティングスピリットを見せて昨年と同じ3位につけた。4～8位は山田恵、岡万佑子、岩本愛子、中尾歩、大竹沙歩がつけた。

　競技終了後にはメダリストによる模範演技も行われ、試合の緊張から解放された6人がリンクサイドにいるライバルたちに送り出されて思い思いの演技を披露。開催地・長野の中学生たちも観戦に駆け付け、会場全体は熱のこもった拍手に包まれた。

LETTERS

チャ・ジュンファンと佐藤駿（2024年四大陸選手権）
©World Figure Skating/Shinshokan

運命ってあるんだな

世界選手権で坂本花織選手が3連覇したことに、本当に胸がいっぱいでした。ペギー・フレミング以来56年ぶりということで、しかも彼女は中野先生の憧れの人だったというエピソードに、運命ってあるんだなと思いました。毎年、いろんな振付師さんのプログラムに挑戦して、どんどんスケーターとして磨かれていくかおちゃん。今年は舞依ちゃんといっしょに世界選手権に行くことはできませんでしたが、またかおまい2人揃っての笑顔も見たいので、来シーズンも引き続き応援します！後輩たちにとってもとても素敵なお姉さんスケーターだと思うので、かおちゃんの力で日本女子をますます引き上げてほしいです！

（埼玉県　PN／花見だんごさん）

楽しみな選手に出会えた思いです

ひとりのスケーターが、より、自分を磨き始め、開花が待たれる姿を佐藤駿選手のシーズンを通して感じました。楽しみな選手に出会えた思いです。

（宮城　PN／ちゃづけさん）

毎回ワクワクして驚かされます

100号の羽生結弦さんのスペシャルインタビューがよかったです。「表現したいもの」がまずあり、それが従来のフィギュアスケートの枠をとび出して表現しているというのが印象的でした。競技時代のプログラムもよかったけどICE STORYもとてもおもしろいです。毎回ワクワクして驚かされます。まさにG.O.A.Tです！　（東京都　PN／ぷ羽さん）

アイスショーに初めて行きました

昨年はアイスショーというものに初めて行きました。それも羽生さんがプロ転向してからTVで見る事が出来なくなったとたんに見たい、観たい！と思い始め、最初が羽生さんの単独アイスショー「GIFT」。それから「スターズ・オン・アイス」その後「ファンタジー・オン・アイス」はライブビューイング！締めは11月の羽生さん「RE_PRAY」初日です。運を使い過ぎたので今年はダメかもしれないと思いつつまた抽選に申し込むんですけどね。（笑）

（広島県　PN／牛モウのママさん）

2人の未来が楽しみ！

りくりゅうが四大陸選手権から復活してきてくれて、とてもうれしいです！いまや日本のペア競技の希望の光であるだけでなく、アジアのペア界にとっても大きな存在だと思います！いつも幸せそうな笑顔いっぱいの2人の演技が大好きです。ミラノ・オリンピックでは金メダルをとってほしいな。でも、その先も続けてくれると信じているので、2人の未来にどんなことが待っているのか、楽しみで仕方ありません！

（鹿児島県　PN／青い空さん）

いつか2人でダブル優勝を

今年はイリア・マリニン選手が主役の年でしたね。すごい子が出てきたなと前から思っていましたが、なんとファイナルも世界選手権も優勝するとは！妹さんもすごくスケートが上手だと聞きました。いつか2人でダブル優勝とかしてくれたらいいな。お父さんお母さんの滑りも当時見ていたので、なんだかとても感慨深い思いです。

（山形県　PN／ココアのママさん）

優真くん復活おめでとう！

鍵山優真選手、怪我をして昨シーズンはもどかしい思いだったと思いますが、今シーズン見事でした。あらためて、優真くん復活おめでとう！これからも全力でがんばれ!!

（鳥取県　PN／びりーばーさん）

これからも沢山の記憶に残るプログラムを

創刊100号おめでとうございます。トリノ・オリンピックからフィギュアスケートに感動し、今ではジャンプもTVを見ながら分かるまでになりました。表紙ギャラリーではその時代を活躍した選手が載っており、とても懐かしく感じました。マリニン選手の4回転アクセルには大興奮。女子選手も4回転を跳びますが、時代は進化したと思います。私のNo1プログラムはステファン・ランビエルの「ポエタ」です。今までも記憶に残るプログラムですが、これからも沢山の記憶に残るプログラムに期待したいです。

（東京都　石井大輔さん）

今号のプレゼント

ユースオリンピック2024大会公式グッズ

A キーホルダー…1名様
大会公式キャラクタームンチョのマスコットキーホルダー。

B ボールペン…3名様
大会公式キャラクタームンチョのボールペン。

C マグネット…2名様
大会公式キャラクタームンチョのマグネット。

D 缶バッジ（2個セット）…2名様
大会公式キャラクタームンチョの缶バッジ。

E 世界選手権2024 大会プログラム…1名様
カナダ・モントリオールで行われた世界選手権の大会プログラム。（英仏表記）

F 世界選手権2024 ニット帽…1名様
大会ロゴ入りのニット帽。（紺色）

〈応募方法〉本誌についている愛読者ハガキでご応募ください。締切は2024年7月31日（消印有効）。当選者の発表は発送をもってかえさせていただきます。

世界選手権2024
メダリスト記者会見ダイジェスト

MEN

—— メダルの感想をお願いします。

マリニン ぼくにとって絶対的に大きな意味がある結果になりました。ここ数週間は心身ともに大変な状況にあって、世界選手権に出るかどうかも悩んだほどでした。でも、最後はぼく自身が、出場したい、自分が氷上で何ができるのか知りたいと思った。ショートもフリーもこだわってやってきてよかったです。自分自身と今日までの練習、経験のすべてを信じることができました。いまこうしてトップに立てたことを本当にうれしく思います。

鍵山 まず、ショートプログラム、フリースケーティングどちらとも全力で滑り切ることができたかなと思います。点数自体も納得のいくものだったと思います。結果については満足している部分はありますけど、それでもすごく悔しい思いのほうがいまは強くて。本当に——どうがんばっても金メダルには届かなかったと思いますけど、ここから来シーズン、さらにミラノまで、どう戦っていけばいいのかしっかりと計画を立てながらがんばっていきたいなと思いました。

シャオイムファ この試合はほんっっとうにたくさんのアップダウンがありました……。（笑）感情もぐちゃぐちゃです。じつは、ショートのあとにはメダルを獲れるだなんて考えてもいませんでした。ただフリーをクリーンに滑って自分の持てる力を見せようとだけ思っていました。それがものすごくうまくいって、よかったです。今後のモチベーションにも繋がります。

—— アダムは、イリアの演技を見てどう感じましたか。また今後、6本のクリーンな4回転を跳ぶ選手とどう戦っていこうと考えていますか。

シャオイムファ イリアの演技は見ました。すさまじかったです。彼やほかのスケーターみんなと戦っていくためにも、もっとクリーンな4回転を身につけようとしているところです。すごく感動したし、自分自身を奮い立たせてくれるモチベーションになりました。

—— （マリニンへ）フリーの準備で特別なことはしましたか。

マリニン この大会のためにどんな準備をしたのか説明するのは難しいです。1つ言えるのは、練習を信じること。マッスルメモリーを信じ、スタミナがついていることを確認して、自分自身を信じて100％を氷にぶつけることです。

—— （マリニンへ）4回転アクセルを入れると決めたのは？

マリニン 最終的な決断は、氷に乗ってスタートポジションについたときに決めました。ウォーミングアップのときにあまり自信が感じられなくて。でも、次に演技を始めるために氷上に出て行ったら、この大会を締めくくりたい、今季ラストに挑戦したいと思えた。自分の判断で攻めて、それがうまくいったのでよかったです。

—— （シャオイムファへ）2点の減点がなければ2位になれていたかもしれないと思うと、バックフリップをやったことへ後悔を感じますか。

シャオイムファ そうだね。（笑）まあでも、あの2点のせいだけでなく、SPのせいもあるから、その2点がすべてだったというわけではないと思います。

—— （マリニンと鍵山へ）SP19位のアダムが表彰台へ一緒に上がっていることにどのくらい驚きましたか。

マリニン 今シーズンはずっとアダムと一緒に戦ってきて、彼の進化を見てきました。プログラムが多少うまくいかないときでも結果を出す姿に感動していました。だから、ショートのあとのアダムを見るのは悲しかった。でも、ぼくは心のなかで、彼は自分を信じれば絶対できると思っていました。それでも、表彰台に上がっていることにはただただびっくり。同時にすごくモチベーションをもらいました。ベストゲートを外れたからといって、競争から完全に脱落するわけじゃない。やってきたことを信じ、全力を尽くすことなんだと。

鍵山 何が起こるかわからないのが試合だと思うので、本当に誰が表彰台に乗ってもおかしくない状況で、何が起こってもおかしくないと思っていました。フリーの演技を見ていたんですけど、ぼくも危機感を持ちながら、がんばらなきゃなと思っていたので、それも含めてぼくが表彰台に上りたいという強い気持ちを作ってくれたんじゃないかなと思います。

—— イリア、おめでとう。あの素晴らしい瞬間にどんなことを考え、何を感じていたのか教えてください。

マリニン スタートポジションにつくときは、これが人生最高の瞬間にも、最悪の失敗にもなる可能性があると思っていました。とにかく自分をコントロールして、もてるだけの自信を持ってすべてを出し切ろうと。全部のエレメンツをゆっくり1つずつやって、とくに後半はお客さんの声がどんどん大きくなっていくのを聞きながら、エネルギーを感じていました。フットワークが終わったところで、一息つくことができた。その瞬間に、これはぼくが残りのプログラムを届けなきゃいけない時間だとわかって、プログラムをどんどん進めていくだけで、もう何が起こっているのかわからなかった。プログラムを通して飛んでいるみたいな感じ。プログラムの最後の最後、すべてのジャンプを跳び終えたとき、観客が熱狂しているのを聞いて、ただ驚くばかりでした。まだプログラムは終わってないのに。（笑）それで、プログラムの最後の数秒を滑って、すべてを出し切りました。本当に最高でした。自分の体を支えきれなくなるほどの感情が押し寄せてきました。

—— 今回、GPフランス大会と同じメンバーでの表彰台となりました。当時、お互いにどんな印象を持ちましたか。また、あのとき自分がいまこうなっていると想像できましたか。

マリニン フランスで2人を見たとき、アダムもユウマもスケーティングやあらゆる技術の質を高めてきていると感じていました。それはぼくにとってすごく意味があることで、あの大会があったから、ぼくら3人は世界選手権の準備のために自分を追い込み、多くの努力をしてきたと思う。いまここで100％の演技ができ

たことは驚きだけど、フランスでの2人の演技を見て、もっとうまくなりたいと思ったし、世界選手権で戦う自信にもなりました。

鍵山 ぼくは先シーズン怪我で休んでいて、今シーズンはここまで技術を取り戻せると思わなくて。フランスのときはまだまだ怪我から50%ぐらい回復した状態で、技術もまだまだ取り戻せていなかったので、一緒にフランスで戦ったときに、全然今シーズンは追いつけないなと思っていたんですけど、自分の1日1日の積み重ねだったり、しっかりと計画を立てていくうえで、思ったよりも自信や技術を取り戻すのが早くて、ぼくは世界選手権では優勝を目指したいと言えるほど自信と技術を取り戻せたので。本当にこの2人はもちろん、世界のトップと戦えることができてすごくうれしい気持ちと、来シーズン1歩でもトップに追いつきたいという気持ちは、この試合終わってすごくあったので、がんばりたいなと思いました。

シャオイムファ シーズンのはじめから2人の滑りをずっと見てきました。いくつか一緒の試合にも出たしね。2人とも技術だけでなく、スケーティングも磨かれていて感動したし、いまでは安定感もある。2人の存在は自分を追い込むモチベーションになったし、すごく助けられました。

—— （シャオイムファへフランス語で）SPとフリーの間はどんな準備をしましたか？

シャオイムファ （フランス語で回答後、英語で）努力しました。SPが終わったあとは、自分に失望して腹が立ったし、あとの2日間はどんなミスもしてはいけないと思っていました。自分の実力を見せたかったから……あれ、あとフランス語で何を話したか忘れちゃった。（笑）

—— 英仏通訳しますね。「あの時点では自分との闘いでした。もちろんほかの選手の演技や、出方をコントロールするなんてことはできないし、ジャッジだってそう。だから、ぼくは自分との闘いをするだけ、すべてのジャンプを跳びにいくだけだと思って臨みました」です。

シャオイムファ ありがとう！

—— （鍵山へ）マリニン選手が毎回このような演技をすると想定して、どうやってキャッチアップしていくか、考えていることはありますか。

鍵山 演技は、少し後半は見ていました。これからずっと戦っていくと思うんです

男子メダリスト会見に出席した（左から）2位の鍵山優真、1位のイリア・マリニン、3位のアダム・シャオイムファ　©Yazuka Wada

けど、まず次の試合で会ったときに、お互いが100%出し切って勝つのは無理なので、地道な努力と練習が必要になってきます。来シーズンも、まずは自分のできる技術をもっと増やして、プログラムも新しいプログラムになると思うので、もっとスケーティングやGOEを稼いでいけるようなプログラムを作って、1点でも2点でも追いつけることが目標かなと思います。

—— （シャオイムファへ）グリーンルームで2時間以上待つことになったわけですが、どう過ごしていましたか。またメダルが決まったときはどんな気持ちでしたか。

シャオイムファ 2時間は長かった。疲れたよ。でも、試合を見られたのはよかったです。最終グループに入っていたらできなかったことだと思うので。最後の最後まで銅メダルが獲れるかもなんて考えもしませんでした。ショウマのあと、得点が出て初めて気がつきました。ただただ驚くしかなかったです。

—— （鍵山とシャオイムファへ）2人はどちらも「Rain, in Your Black Eyes」を使っていますが、ユウマはアダムのプログラムを参考にしたところはありますか。また、アダムはユウマの演技を見てどう感じましたか。

鍵山 この曲はとくにストーリーがあるわけではないので、解釈の仕方は振付師さんそれぞれだと思いますし、ぼくがいちばん大事にしているのは、振付してくれたローリー・ニコル先生のイメージしているこの曲なので。その解釈を大事にしながら、プログラムを振付してくれました。アダム選手の「Rain, in Your Black Eyes」も振付してくれた先生の解釈があ

ると思いますし、それぞれいいところがあると思うので、見ているみなさんもいろんな感じ方があるんじゃないかなと思います。

シャオイムファ ユウマの演技を見て、彼がこの曲を使っているのがすごくうれしかったし、彼のスタイルでなされた音楽解釈も印象的でした。この曲もユウマの演技も好きだからね。全然違うスタイルだからこそ、彼と振付師がどうやってこのプログラムを作り上げたのか、興味がわきました。

（3月23日）

WOMEN

—— メダルの感想をお願いします。

坂本 一昨日のショートでまず4位で、本当に焦りとか緊張とかいろいろあったんですけど、それでも今日はいい緊張感のなかで、1つ1つ集中してできたので、それが結果につながってすごくうれしいです。

レヴィト ここにいられてとてもうれしいです。このようなかたちでシーズンを締めくくることができて満足しています。今シーズンは、自分自身すごく荒れたシーズンで、大部分はがっかりしていました。自分のスケートの出来に戸惑うこともあったけど、いまはチームやコーチを誇りに思います。安定した練習、一生懸命やってきたことで、世界選手権のメダルを獲ることができた。いまの私にとっては、それがすべてです。

チェヨン SPのあと6位だったので、それほどプレッシャーを感じることなくフリーに臨むことができました。でも、氷

女子メダリスト会見に出席した（左から）2位のイザボー・レヴィト、1位の坂本花織、3位のキム・チェヨン ©Yazuka Wada

に乗ってからはやっぱり緊張しました。メダルを獲れたことはすごい驚きで、実感はわいていませんが、とてもうれしいです。

―― （レヴィトへ）来季の3枠獲得には少なくともメダルが必須でしたが、どんな思いで臨みましたか。また最後のポーズのとき信じられないような表情をしていましたが、そのときの思いは？

レヴィト 枠のことだけを考えていたわけではないんですが、3位かな、4位かなというのは頭にありました。ストレスではなかったです。信じられないって表情をしていたのは、このプログラムは体力的にある程度楽にこなせると思っていたんだけど、6分間練習のあとにちょっと心配になってきちゃって。うまくいかないんじゃないかって気がして怖くなっていたんです。だから、終わったあとはちょっと信じられない気持ちになりました。本当にうれしかったです。

―― （坂本へ）最終滑走が多いなかで、今日の滑走順はどうでしたか。また、プログラムの最後の瞬間はどんなことを考えていましたか。

坂本 個人的に早く終わるほうが好きです。なので、今日の滑走順は、6分間練習からそこまで時間が空かずに自分の演技ができたので、すごく6分間練習のいいイメージがそのまま演技でもできたなという感じがして。いつも最終滑走で、その前に5人やっているあいだは試合前の独特な緊張感があるんですけど、今日は久しぶりにグリーンルームに座っていて。また違う、「あとに滑る選手がいい演技をしたら、自分はどの位置にいってしまうんだろう」という不安というか。まだ緊張が解けない感じがして、最終でやる

のも、先にやるのも、わりと緊張は変わらないんだなというのを今日は感じました。

3＋3のコンビネーションが終わってから、すごく会場が沸いて。でも、その沸いているのに自分の気持ちが乗ってしまうと、気持ちが昂りすぎて空回りして、失敗につながってしまうので、とにかく自分の気持ちを抑えようという一心で最後までやっていました。顔が途中険しかったと思うんですけど、最後のスピンまでしっかりやって――「よっしゃ！」という気持ちになりました。

―― （坂本へ）3度目の世界タイトルですが、それぞれのストーリーを比べてみてもらえますか。

坂本 初めて優勝できたときはオリンピック・シーズンで、そのときの世界選手権は、1ヵ月前にオリンピックがあってかなり燃え尽きていました。オリンピックが終わってから1ヵ月後に世界選手権かって、気持ち的にはしんどい部分がたくさんあった。そのあいだに状況が変わってしまって、自分が勝たないといけないっていう気持ちになって、なおナーバスになっていった。でも、最後の最後まで、その世界選手権はやり切ったという気持ちがあったので、初めて優勝できたときがたぶんいちばんうれしかったです。

2回目はオリンピック・シーズンが終わったあとで、それこそまた燃え尽きて、ファイナルまでは本調子じゃなかった。でも世界選手権2連覇したいという気持ちもあって、その葛藤を乗り越えての優勝だったので、去年は本当に苦しかった。やっぱり自分がいちばんやりたくなかったミスをしてしまっての優勝だった

ので、すごく悔しさの残る優勝だったなと思いました。

今年は、今日ですね。今日は、今シーズンずっと調子がよかったので、ショート4位になったときに、好調を維持し続ける難しさを感じた。必ずしもショート1位、フリー1位、総合1位になるわけではないんだなというのを、この場で経験できて……なんだろう。つねに勝ち続ける難しさを感じた優勝だったなと思いました。

―― （坂本へ）1968年のペギー・フレミング以来の3連覇です。伝説のスケーターと肩を並べて語られる気持ちは？

坂本 すごくうれしいです！（笑） でも……うーん、うれしいです。

―― （坂本へ）今後、ロシア勢が戻ってきたときのことはどんなふうに考えていますか。

坂本 もちろん帰ってきてからも勝ち続けたいと思っているので、いまのままじゃだめだということもわかっているし、いまできることを精いっぱいやって、もっともっと自分自身のレベルを上げていけたらなと思っています。

―― （チェヨンへ）最後のポーズのときに泣きそうなくらい感情的な表情に見えましたが、どんな気持ちでしたか。また、メダルは期待していましたか。

チェヨン 正直、モントリオールに来てから、今朝もあまりいい練習ができていなかったので、本当に心配だったし、あまりいい気分ではありませんでした。なので、フリーを滑り終わったとき、「できた！」って思えたんです。それに、この試合は本当にクリーンな滑りをしたいと思っていた場所だったので、それができたという事実がとてもうれしくて、それであの表情になったんだと思います。今シーズンは怪我が多くて大変でしたが、この世界選手権までやり通せたことに満足しています。新しい経験も多いシーズンだったので、私にとってとても価値のあるシーズンになりました。

（3月22日）

PAIRS

―― 会見を始める前に、三浦璃来＆木原龍一組のブルーノ・マルコットコーチから、リュウイチの現状についてお話があります。

マルコット まず、2人は自分たちの演

技を誇りに思っていました。演技の後我々はハッピーでしたが、2人と話をし、感情を分かち合ううちに、龍一は咳をし始めました。そこから過呼吸のような症状が出て、低血糖が出たのかめまいを感じ、何度か立ち上がろうとしたができなかった。ドクターの判断で担架に寝かせ、水分を飲ませた。最後に会ったときはだいぶよくなっていました。龍一は2つの点で非常に罪悪感を持っていて、1つは表彰式に出られなかったこと、そしてもう1つはディアナとマキシムを直接祝福できなかったこと。2人と、もちろんドイツ組にも、彼らに替わっておめでとうと伝えたいです。

── それでは改めて、メダリストのみなさん、メダルを獲得した気持ちを聞かせてください。

デシャン 合唱団が国歌を斉唱するのを聞くのは素晴らしい気分だった。ディアナと今日ここで学んだことは、心に負担がかかるような大変なことだったけど、自分たちが成し遂げたことを誇りに思っているし、大勢の観客の前で演技できたことはとても楽しかったです。

ステラート＝デュデク 私らしくないことに、今日はちょっと体調が悪かったの。演技の前のウォームアップのときは本当にひどかったから、マキシムとコーチは大変な思いをしたと思う。コーチとパートナーには本当に感謝したいです。彼らは「演技をやるつもりなら、戦う気持ちがあるなら、いままでやってきたことすべてを出し切ろう」と言ってくれたんです。私たちがこの演技のために本当に努力してきたからこそ、あの演技をやりきることができたし、すべてを成し遂げられた。友だちや家族の前でできたこともそう。私は誰のこともがっかりさせたくないと思っていました。だから本当にうれしいし、私にとっては夢が叶ったと言ってもいいかもしれません。

アイスダンスメダリスト会見に出席した（左から）2位のギレス＆ポワリエ、1位のチョック＆ベイツ、3位のギナール＆ファッブリ
©World Figure Skating/Shinshokan

ボロジン ぼくたちは本当に幸せを感じています。なぜなら、この試合がぼくたちにとっては初めての世界選手権だし、1シーズン使ってこの大会のために準備してきたのですから。

ハーゼ 言葉にできないから、私から付け足すこともありません。今日起こったことがまだ信じられてもいないの。だって、世界選手権でメダルを獲るといういちばん大きな目標を達成したっていうことなんですから。ニキータが言ったように、私たち2人にとっては初めてのシーズンなんです。今回成し遂げられたことは、ペア選手としてこれからのためにもっと努力し成長していこうという未来へのモチベーションにもなります。ここは素晴らしいスタート地点で、素晴らしい最初のシーズンを送れたと思います。夢見たこと以上のことを成し遂げることができました。

（3月21日）

ICE DANCE

── メダリストになった気持ちを聞かせてください。

チョック 素晴らしかった。氷の上で会場のお客さまのあの歓声を聞くのは本当に最高の気分でした。1週間、モントリオールのお客さまはすべてのスケーターにずっと声援を送り続けてくれて、とくに今日は電気が走るような感覚になった。あたたかい観客のおかげで、演技を楽しむことができました。今日経験できたことを本当に誇りに思います。

ギレス 今日の自分たちを誇りに思います。スケート人生を生きることは本当に難しいことですが、観客のエネルギーをもらって、あんな素晴らしい時間を母国で経験することができたこと、あの演技ができたことは、とても特別なことだと思います。最後にあの場に立ったとき、会場にいた友人や家族全員に抱きしめられているようでした。そんな経験ができて、本当に幸せです。

ファッブリ 今日の演技は誇れるものだったと思います。この1週間は大変でした。ずっと体調が悪くて、今日フリーダンスを最初から最後まで戦い抜くのは簡単なことではなかった。でもお客さまがとても素晴らしく、ぼくたちが演技をするうえで力になってくれました。今日のフリーを戦い抜いたこと、シーズン最後にこういった演技ができたことを誇りに思っています。

── （チョック＆ベイツ組へ）いつも練習をし、暮らしているモントリオールで世界選手権を戦うというのはどのような感じでしたか。

チョック 会場のベルセンターに着いたとき、通りを見て「あそこに建っているのは私たちのアパート？」って言ったの。（笑）見慣れているものに囲まれて世界選手権に出るのはちょっと不思議な感じだったけど、一度このホテルに入ってしまえば、他の世界選手権のときと同じように、スケートのバブルのなかに入って集中している感覚になりました。でも、友だちや家族がいてくれる世界選手権というのは美しい思い出になったと思います。

（3月23日）

ペアのメダリスト会見では、体調不良で欠席した三浦璃来＆木原龍一に代わってブルーノ・マルコットコーチが登壇し、優勝したステラート＝デュデク＆デシャンを祝福 ©Yazuka Wada

EVENT CALENDAR

おもな競技会＆アイスショーのスケジュール

Competition

〈国際競技会〉
ISUジュニアグランプリ
●フランス大会
8月21〜24日
●ラトビア大会
8月28〜31日／リガ
●チェコ大会
9月4〜7日／オストラバ
●タイ大会
9月11〜14日／バンコク
●トルコ大会
9月18〜21日／イスタンブール
●ポーランド大会
9月25〜28日／グダニスク
●スロベニア大会
10月2〜5日／リュブリャナ

ISUグランプリ
●スケートアメリカ
10月18〜20日
●スケートカナダ
10月25〜27日
●フランス大会
11月1〜3日
●NHK杯
11月8〜10日／東京
●フィンランド大会
11月15〜17日／ヘルシンキ
●中国大会
11月22〜24日
●グランプリファイナル
12月5〜8日／フランス・オルレアン

ISU選手権
●ヨーロッパ選手権
1月20〜26日／クロアチア・ザグレブ
●四大陸選手権
2月18〜23日／韓国・ソウル
●世界ジュニア選手権
2月24〜3月2日／ハンガリー・デブレツェン
●世界ジュニアシンクロナイズドスケーティング選手権
3月7〜8日／スウェーデン・イェーテボリ
●世界選手権
3月24〜30日／アメリカ・ボストン
●世界シンクロナイズドスケーティング選手権
4月4〜5日／フィンランド・ヘルシンキ

詳細は、国際スケート連盟
https://www.isu.org
公益財団法人日本スケート連盟
https://www.skatingjapan.or.jp/
のHPなどをご覧ください。

Ice Show

〈国内〉
ファンタジー・オン・アイス 2024
　トップスケーターと、実力派のアーティストが夢の競演を見せる極上のエンターテインメントが今年も4都市を巡る。幕張・愛知公演には羽生結弦、山本草太、中田璃士、青木祐奈、上薗恋奈、ギレス＆ポワリエ、神戸・静岡公演には坂本花織、チャ・ジュンファン、友野一希、織田信成、三原舞依、フィアー＆ギブソンらが出演。ステファン・ランビエル、宮原知子、田中刑事、ハビエル・フェルナンデス、アダム・シャオイムファ、デニス・バシリエフス、パパダキス＆シゼロン、アセベド＆カンパらは全公演に出演する。アーティストは西川貴教、城田優らが幕張・愛知公演に、石井竜也、一青窈、家入レオらは神戸・静岡公演に参加予定。
●幕張公演
5月24日17:00、25日14:00、26日13:00／幕張イベントホール
[問]=株式会社CIC
☎03-6435-6434
●愛知公演
5月31日17:00、6月1日14:00、2日13:00／Aichi Sky Expo
[問]=メ〜テレ
☎052-331-9966
●神戸公演
6月15日12:00&17:00、16日13:00／ワールド記念ホール
[問]=株式会社CIC
☎03-6435-6434
●静岡公演
6月22日12:00&17:00、23日13:00／エコパアリーナ
[問]=株式会社CIC
☎03-6435-6434
https://fantasy-on-ice.com/

氷艶2024-十字星のキセキ-
　日本文化を伝える艶やかな舞台をフィギュアスケートという表現方法を通して伝えたいという想いから生まれたアイスショー「氷艶」の第三弾が開幕する。今作のモチーフは「銀河鉄道の夜」で、主演の高橋大輔のほか、スケーターは荒川静香、友野一希、島田高志郎らが出演を予定している。また、キャストとしてミュージカルなどで活躍する俳優の小野田龍之介のほか、スペシャルゲストアーティストとしてゆずが出演予定。
●横浜公演
6月8〜11日16:00／横浜アリーナ
https://hyoen.jp/

THE ICE 2024
　真夏の氷上祭典「THE ICE」は、今年は男子シングルスケーター中心のキャストで上演予定。さらには氷上ナビゲーターの登場や太鼓芸能集団「鼓童」とのコラボレーションなど、これまでとは趣向を変えた構成で挑む。宇野昌磨、三浦佳生、イリア・マリニン、チャ・ジュンファンらが出演予定で、首都圏でも初開催される。
●愛知公演
7月20日12:30&17:30、21日12:30／愛・地球博記念公園（モリコロパーク）アイススケート場

[問]=中京テレビクリエイション
☎052-588-4477
●東京公演
7月27、28日12:00&17:00／LaLa arena TOKYO-BAY
[問]=キョード東京
☎0570-550-799
https://fs-theice.com/

浅田真央アイスショー「Everlasting33」
　これまで全国各地にアイスショーを届けてきた浅田真央が新たに挑戦する「劇場型アイスショー」が6月、MAOリンクも建設予定の東京・立川の地で幕を開ける。現役時代に使用したことのない楽曲で全編が構成され、オーケストラの生演奏とともに届ける。
●6月2日14:00、5日13:30&18:30、6、7日15:00、8日11:30&16:30、9日14:00、12〜14日15:00、15、16日11:30&16:30／立川ステージガーデン
☎0570-08-9931
https://everlasting33.maotour.jp/

Dreams on Ice 2024 ～日本代表エキシビション～
　毎年、トップスケーターたちが新たな競技プログラムを観客にお披露目する「Dreams on Ice」。今年は通常照明で開催され、6分間練習も取り入れるなど、より試合に近い雰囲気にリニューアル予定。出演予定は鍵山優真、三浦佳生、佐藤駿、山本草太、中田璃士、中村俊介、垣内珀琉、周楽隼、坂本花織、千葉百音、吉田陽菜、渡辺倫果、三原舞依、島田麻央、上薗恋奈、櫛田育良、吉田唄菜＆森田真沙也、田中梓沙＆西山真瑚。ゲストはチャ・ジュンファン。
●6月28日16:00、29日12:00&17:00、30日12:00／KOSÉ新横浜スケートセンター
[問]=株式会社CIC
☎03-6435-6434
https://onice.jp/

フレンズオンアイス
　荒川静香プロデュースのアイスショーが今年も新横浜で開催が決定。スケーター同士の強い絆や信頼関係に裏打ちされたコラボナンバーなども予定され、荒川のほか宇野昌磨、高橋大輔、ステファン・ランビエル、ジェイソン・ブラウンらが出演する。
●8月30日〜9月1日12:30&17:00／KOSÉ新横浜スケートセンター
https://friendsonice.com/

ディズニー・オン・アイス
　ディズニーの世界を氷上で展開し、老若男女に夢を届ける「ディズニー・オン・アイス」。今年のテーマは「Find Your GIFT」で、「塔の上のラプンツェル」「美女と野獣」「リトル・マーメイド」など長く愛される名作の世界へ観客をいざなう。
●秋田・由利本荘公演
7月4〜7日／由利本荘総合防災公園ナイスアリーナ
●東京公演
7月12〜15日／有明アリーナ
●豊田公演
7月19〜23日／スカイホール豊田
●常滑公演
7月26〜28日／Aichi SKY EXPOホールA
●横浜公演
8月1〜5日／横浜アリーナ
●大阪公演
8月10〜18日／大阪城ホール
●福岡公演
8月23〜25日／マリンメッセ福岡
●神戸公演
8月30〜9月1日／ワールド記念ホール
●広島公演
9月6〜8日／広島グリーンアリーナ
●埼玉公演
9月14〜16日／さいたまスーパーアリーナ
●千葉・船橋公演
9月21〜23日／LaLa arena TOKYO-BAY
https://www.ctv.co.jp/disneyonice/

〈海外〉
Recontres―Musicales Champéry―
　スイス・シャンペリーの地で、クラシック音楽とフィギュアスケートの融合をテーマにしたアイスショーが開催される。ステファン・ランビエルとピアニストのベアトリス・ベリュがタッグを組み、日本からは宇野昌磨、宮原知子、島田高志郎、本田真凜が出演する。
●8月8日19:00／スイス・シャンペリー

シルク・ドゥ・ソレイユ CRYSTAL
●クウェート公演
5月22〜25日／クウェート市
●ブラジル公演
6月13〜23日／リオデジャネイロ、7月5〜10月6日／サンパウロ
https://www.cirquedusoleil.com/

Holiday On Ice
●ドイツ公演
11月13〜17日／グレフラス、22〜24日／キール、28〜12月1日／ロストック、5〜8日／ドレスデン、13〜15日／ニュルンベルク、19〜23日／ライプツィヒ、26〜30日／ミュンスター、2025年1月2〜5日／ミュンヘン、8〜12日／フランクフルト、17〜19日／ドルトムント、22〜26日／シュトットガルト、30日〜2月2日／マンハイム、6〜9日／ハンブルク、20〜24日／ツヴィッカウ、13〜16日／ブレーメン、28〜3月16日／ベルリン、21〜23日／ケルン、28〜30日／ゲッティンゲン、4月3〜6日／マグデブルク、10〜13日／エアフルト、17〜20日／ハノーファー、25〜27日／デュッセルドルフ
●オランダ公演

12月6〜8日／フローニンゲン、12〜15日／ブレダ、19〜22日／スヘルトーヘンボス、26〜29日／アムステルダム、3月1〜5日／ロッテルダム、9〜12日／マーストリヒト
●オーストリア公演

2025年1月16〜26日／ウィーン、31日〜2月2日／インスブルック
●フランス公演
2025年2月14〜16日／レンヌ、20〜23日／パリ、28日〜3月2日／ナント、11、12日／ポワチエ、14〜16日／トゥー

ル、18、19日／ルーアン、22、23日／ル・マン、4月1、2日／グルノーブル、4〜6日／マルセイユ、8、9日／クレルモン＝フェラン、12、13日／カーン、15、16日／アミアン
https://holidayonice.com/nl/

HOT ICE SHOW 2024
●7月4日〜9月7日／ブラックプール
https://www.blackpoolpleasure
beach.com/shows/hot-ice/
※情報は4月中旬現在。出場選手、時間などは変更になる場合があります。

TV SCHEDULE
テレビ放送スケジュール

◎ J SPORTS

J SPORTS4では、3月に行われたモントリオール世界選手権を全種目とエキシビションを一挙放送。また、懐かしの名試合を放送する「ISUフィギュアスケートアーカイブ」も放送を予定している。

J SPORTS4
◆ISUフィギュアスケートアーカイブ 2016 世界選手権
5月10日 9:00 ペア
　　13日 9:55 ペア
　　17日 10:30 女子シングル
　　24日 6:25 女子シングル
◆ISUフィギュアスケートアーカイブ グランプリファイナル2019
5月31日 9:00 ハイライト
◆ISU世界フィギュアスケート選手権 2024【インタビュー 拡大版】
5月21日 11:30 アイスダンス リズムダンス
　　22日 8:25 アイスダンス フリーダンス
　　23日 9:00 女子シングル ショートプログラム
　　24日 6:25 女子シングル
　　24日 12:25 女子シングル フリースケーティング
　　27日 12:30 ペア ショートプログラム
　　27日 16:30 ペア フリースケーティング
　　28日 10:30 男子シングル ショートプログラム

　　28日 16:30 男子シングル フリースケーティング
　　29日 15:00 エキシビション
[問]=J SPORTSカスタマーセンター
☎0570-099-333
https://www.jsports.co.jp

◎日テレプラス

日テレプラスでは、「羽生結弦 notte stellata 2024」「フレンズオンアイス2023」といったアイスショーのほか、荒川静香がいろいろなフィギュアスケート関係者と対談を繰り広げる「荒川静香 Friends＋α」を放送予定。
◆羽生結弦 notte stellata 2024
5月12日19:00
◆荒川静香フレンズオンアイス2023 完全版
5月17日24:30
◆荒川静香 Friends＋α 2023-24
5月26日14:30 #6 高橋大輔
[問]=日テレプラスカスタマーセンター
☎0120-222-257
http://www.nitteleplus.com

◎テレ朝チャンネル

テレ朝ch1では、オリジナル番組「氷上のプレイリスト 〜これが私のフィギュアスケート観〜」の町田樹出演回の放送が予定されている。
テレ朝ch1
◆氷上のプレイリスト 〜これが私のフィ

ギュアスケート観〜
5月25日19:00 #13 町田樹
[問]=テレ朝チャンネル 視聴者センター
☎0570-0555-77
https://www.tv-asahi.co.jp/ch/

◎TBSチャンネル

TBSチャンネル1では開催されたばかりの「スターズ・オン・アイス2024」を、TBSチャンネル2では日米対抗フィギュアスケートや全日本フィギュアスケート選手権と、懐かしの試合を多数放送予定。高橋大輔関連番組も。
TBSチャンネル1
◆木下グループ presents スターズ・オン・アイス ジャパンツアー 2024 横浜公演
5月18日9:00
◆全日本フィギュアスケート選手権 2001
5月18日11:45
◆全日本フィギュアスケート選手権 2002
5月18日12:50
TBSチャンネル2
◆高橋大輔 in LA 2016 120分完全版 〜「LOVE ON THE FLOOR」初稽古から本番初日まで 完全密着スペシャル〜
5月11日23:30
◆高橋大輔ダンス初挑戦！ 木下グループ presents LOVE ON THE

FLOOR 完全版（2016年）
5月12日1:30
◆全日本フィギュアスケート選手権 1998／99
5月13日0:00
◆全日本フィギュアスケート選手権 1999
5月13日0:45
◆全日本フィギュアスケート選手権 2000
5月13日1:30
◆全日本フィギュアスケート選手権 2001
5月13日2:40
◆全日本フィギュアスケート選手権 2002
5月18日23:50
◆日米対抗フィギュアスケート 2006
5月19日1:00
◆日米対抗フィギュアスケート 2007
5月19日2:20
◆日米対抗フィギュアスケート 2007 エキシビション
5月20日0:00
[問]=TBSチャンネルカスタマーセンター
☎0570-666-296
https://www.tbs.co.jp/tbs-ch/

※情報は4月中旬現在。内容、放送時間などは変更になる場合があります。

RESULTS

表の見方
左部分が最終順位と合計得点。右部分がショートプログラム（SP）とフリースケーティング（FS）の順位と得点。アイスダンスの場合はリズムダンス（RD）とフリーダンス（FD）の順位と得点。（ ）内は左がエレメンツスコア、右がプログラムコンポーネンツスコア。（ ）の右は減点。

ISU World Championships 2024
世界選手権 2024 Mar.20-24, 2024　カナダ・モントリオール

	Pl.	Name	Nation	Points		SP		FS
Men	1	Ilia MALININ	USA	333.76	3	105.97 (61.30 / 44.67)	1	227.79 (137.18 / 90.61)
	2	Yuma KAGIYAMA	JPN	309.65	2	106.35 (59.89 / 46.46)	3	203.30 (110.69 / 93.61) -1.00
	3	Adam SIAO HIM FA	FRA	284.39	19	77.49 (36.20 / 42.29) -1.00	2	206.90 (116.83 / 92.07) -2.00
	4	Shoma UNO	JPN	280.85	1	107.72 (60.49 / 47.23)	6	173.13 (86.29 / 88.84) -2.00
	5	Jason BROWN	USA	274.33	4	93.87 (47.95 / 45.92)	5	180.46 (86.48 / 93.98)
	6	Lukas BRITSCHGI	SUI	274.09	5	93.41 (50.52 / 42.89)	4	180.68 (94.60 / 86.08)
	7	Deniss VASILJEVS	LAT	257.80	8	89.42 (45.81 / 43.61)	8	168.38 (80.73 / 87.65)
	8	Kao MIURA	JPN	254.72	10	85.00 (43.71 / 42.29) -1.00	7	169.72 (89.77 / 81.95) -2.00
	9	Nikolaj MEMOLA	ITA	253.12	6	93.10 (53.38 / 39.72)	12	160.02 (79.63 / 80.39)
	10	Junhwan CHA	KOR	249.65	9	88.21 (46.27 / 42.94) -1.00	11	161.44 (80.49 / 81.95) -1.00
	11	Aleksandr SELEVKO	EST	247.57	12	84.08 (43.95 / 40.13)	9	163.49 (81.44 / 82.05)
	12	Mark GORODNITSKY	ISR	243.25	14	80.49 (43.03 / 37.46)	10	162.76 (83.54 / 79.22)
	13	Nika EGADZE	GEO	241.55	7	92.08 (53.50 / 38.58)	15	149.47 (76.64 / 74.83) -2.00
	14	Mikhail SHAIDOROV	KAZ	234.19	16	80.02 (43.93 / 36.09)	13	154.17 (83.51 / 72.66) -2.00
	15	Donovan CARRILLO	MEX	232.67	15	80.19 (43.89 / 36.30)	14	152.48 (76.72 / 75.76)
	16	Gabriele FRANGIPANI	ITA	231.38	13	82.63 (44.73 / 38.90) -1.00	17	148.75 (72.63 / 76.12)
	17	Wesley CHIU	CAN	227.21	18	78.00 (40.02 / 37.98)	16	149.21 (75.35 / 73.86)
	18	Hyungyeom KIM	KOR	222.79	21	74.89 (40.17 / 34.72)	18	147.90 (80.93 / 66.97)
	19	Roman SADOVSKY	CAN	221.57	11	84.28 (45.68 / 38.60)	22	137.29 (60.60 / 76.69)
	20	Camden PULKINEN	USA	219.86	17	78.85 (41.20 / 38.65) -1.00	20	141.01 (68.04 / 73.97) -1.00
	21	Luc ECONOMIDES	FRA	217.10	22	74.02 (38.65 / 36.37) -1.00	19	143.08 (68.79 / 74.29)
	22	Semen DANILIANTS	ARM	213.99	23	73.46 (41.31 / 32.15)	21	140.53 (75.03 / 65.50)
	23	Andreas NORDEBACK	SWE	211.45	20	76.20 (40.37 / 35.83)	23	135.25 (64.59 / 70.66)
	24	Sihyeong LEE	KOR	207.59	24	73.23 (40.34 / 34.89) -2.00	24	134.36 (70.76 / 64.60) -1.00
		Final Not Reached						
	25	Vladimir LITVINTSEV	AZE	72.16	25	72.16 (38.02 / 35.14) -1.00	-	
	26	Davide LEWTON BRAIN	MON	71.58	26	71.58 (36.86 / 34.72)	-	
	27	Maurizio ZANDRON	AUT	69.59	27	69.59 (37.39 / 32.20)	-	
	28	Tomas-Llorenc GUARINO SABATE	ESP	68.35	28	68.35 (35.48 / 32.87)	-	
	29	Jari KESSLER	CRO	68.32	29	68.32 (34.48 / 33.84)	-	
	30	Burak DEMIRBOGA	TUR	68.18	30	68.18 (36.20 / 31.98)	-	
	31	Vladimir SAMOILOV	POL	67.81	31	67.81 (35.35 / 32.46)	-	
	32	Nikita STAROSTIN	GER	67.34	32	67.34 (34.23 / 33.11)	-	
	33	Ivan SHMURATKO	UKR	66.90	33	66.90 (34.26 / 33.64) -1.00	-	
	34	Valtter VIRTANEN	FIN	66.55	34	66.55 (33.85 / 33.70) -1.00	-	
	35	Adam HAGARA	SVK	65.37	35	65.37 (32.15 / 33.22)	-	
	36	Georgii RESHTENKO	CZE	65.35	36	65.35 (33.50 / 31.85)	-	
	37	Alexander ZLATKOV	BUL	64.77	37	64.77 (33.95 / 30.82)	-	
	38	Edward APPLEBY	GBR	59.51	38	59.51 (28.48 / 32.03) -1.00	-	
	39	Boyang JIN	CHN	58.53	39	58.53 (23.22 / 35.31)	-	
	40	Aleksandr VLASENKO	HUN	51.50	40	51.50 (24.23 / 27.27)	-	
Women	1	Kaori SAKAMOTO	JPN	222.96	4	73.29 (37.71 / 35.58)	1	149.67 (75.08 / 74.59)
	2	Isabeau LEVITO	USA	212.16	2	73.73 (38.48 / 34.87)	2	138.43 (68.04 / 70.39)
	3	Chaeyeon KIM	KOR	203.59	6	66.91 (34.94 / 31.97)	3	136.68 (72.81 / 63.87)
	4	Loena HENDRICKX	BEL	200.25	1	76.98 (41.20 / 35.78)	8	123.27 (54.87 / 69.40) -1.00
	5	Kimmy REPOND	SUI	196.02	12	62.64 (33.29 / 30.35) -1.00	4	133.38 (70.15 / 63.23)
	6	Haein LEE	KOR	195.48	3	73.55 (40.30 / 33.25)	12	121.93 (56.44 / 65.49)
	7	Mone CHIBA	JPN	195.46	13	62.64 (31.00 / 31.64)	5	132.82 (69.38 / 63.44)
	8	Hana YOSHIDA	JPN	194.93	8	64.56 (33.35 / 31.21)	6	130.37 (68.17 / 63.20) -1.00
	9	Livia KAISER	SUI	187.24	10	64.05 (36.07 / 27.98)	9	123.19 (65.23 / 57.96)
	10	Amber GLENN	USA	186.53	9	64.53 (33.18 / 32.35) -1.00	11	122.00 (56.67 / 65.33)
	11	Ekaterina KURAKOVA	POL	184.76	14	62.34 (32.56 / 29.78)	10	122.42 (63.12 / 59.30)
	12	Young YOU	KOR	183.35	5	67.37 (36.54 / 30.83)	14	115.98 (56.16 / 60.82) -1.00
	13	Anastasiia GUBANOVA	GEO	182.42	20	58.66 (27.79 / 30.87)	7	123.76 (62.83 / 60.93)
	14	Olga MIKUTINA	AUT	177.76	16	60.77 (31.70 / 29.07)	13	116.99 (57.85 / 59.14)
	15	Nina PINZARRONE	BEL	177.46	11	64.04 (32.98 / 31.06)	16	113.42 (54.75 / 59.67) -1.00
	16	Niina PETROKINA	EST	176.53	7	66.23 (34.37 / 31.86)	18	110.30 (51.33 / 59.97) -1.00
	17	Lorine SCHILD	FRA	172.90	18	59.41 (32.05 / 27.36)	15	113.49 (59.48 / 55.01) -1.00
	18	Madeline SCHIZAS	CAN	171.78	17	59.65 (30.04 / 29.61)	17	112.13 (52.99 / 59.14)
	19	Josefin TALJEGARD	SWE	167.47	15	61.55 (32.24 / 29.31)	20	105.92 (47.55 / 58.37)
	20	Sarina JOOS	ITA	167.04	19	59.39 (30.94 / 28.45)	19	107.65 (54.62 / 53.03)
	21	Nataly LANGERBAUR	EST	159.55	24	53.81 (27.53 / 26.28)	21	105.74 (52.70 / 53.04)
	22	Tzu-Han TING	TPE	157.83	22	56.32 (29.11 / 27.21)	22	101.51 (49.25 / 52.26)
	23	Mia RISA GOMEZ	NOR	147.13	23	55.09 (31.85 / 23.24)	23	92.04 (45.98 / 48.06) -2.00
	24	Nella PELKONEN	FIN	145.45	21	56.82 (29.27 / 27.55)	24	88.63 (39.17 / 50.46) -1.00
		Final Not Reached						
	25	Nina POVEY	GBR	53.50	25	53.50 (28.46 / 25.04)	-	
	26	Alexandra FEIGIN	BUL	53.33	26	53.33 (28.29 / 25.04)	-	
	27	Julia SAUTER	ROU	52.52	27	52.52 (25.43 / 27.09)	-	
	28	Eliska BREZINOVA	CZE	50.90	28	50.90 (26.96 / 23.94)	-	
	29	Kristina ISAEV	GER	50.07	29	50.07 (24.28 / 25.79)	-	
	30	Vanesa SELMEKOVA	SVK	48.94	30	48.94 (26.76 / 23.18) -1.00	-	
	31	Sofja STEPCENKO	LAT	46.74	31	46.74 (21.52 / 25.22)	-	
	32	Mariia SENIUK	ISR	46.57	32	46.57 (22.86 / 23.71)	-	
	33	Anastasia GRACHEVA	MDA	46.12	33	46.12 (24.74 / 21.38)	-	
	34	Anastasia GOZHVA	UKR	40.28	34	40.28 (19.53 / 21.75) -1.00	-	
	35	Meda VARIAKOJYTE	LTU	40.04	35	40.04 (21.05 / 20.99) -2.00	-	

	Pl.	Name	Nation	Points	SP/RD		FS/FD	
Pairs	1	Deanna STELLATO-DUDEK / Maxime DESCHAMPS	CAN	221.56	1	77.48 (42.05 / 35.43)	2	144.08 (72.95 / 71.13)
	2	Riku MIURA / Ryuichi KIHARA	JPN	217.88	2	73.53 (39.30 / 34.23)	1	144.35 (73.78 / 70.57)
	3	Minerva Fabienne HASE / Nikita VOLODIN	GER	210.40	4	72.10 (39.21 / 32.89)	3	138.30 (72.75 / 66.55) -1.00
	4	Maria PAVLOVA / Alexei SVIATCHENKO	HUN	204.60	6	68.01 (37.70 / 30.31)	4	136.59 (74.40 / 62.19)
	5	Annika HOCKE / Robert KUNKEL	GER	198.23	7	67.64 (36.49 / 31.15)	5	130.59 (68.21 / 62.38)
	6	Sara CONTI / Niccolo MACII	ITA	197.34	3	72.88 (39.24 / 33.64)	6	124.46 (59.53 / 64.93)
	7	Anastasiia METELKINA / Luka BERULAVA	GEO	189.30	5	72.02 (40.05 / 31.97)	10	117.28 (57.31 / 59.97)
	8	Lia PEREIRA / Trennt MICHAUD	CAN	186.93	9	64.83 (34.39 / 30.44)	7	122.10 (62.91 / 60.19) -1.00
	9	Lucrezia BECCARI / Matteo GUARISE	ITA	185.40	8	66.12 (35.11 / 31.01)	9	119.28 (60.54 / 60.74) -2.00
	10	Anastasia GOLUBEVA / Hektor GIOTOPOULOS MOORE	AUS	182.71	11	63.35 (34.22 / 29.13)	8	119.36 (59.76 / 59.60)
	11	Ellie KAM / Danny O'SHEA	USA	180.41	10	64.44 (34.85 / 30.59) -1.00	11	115.97 (58.08 / 59.89) -2.00
	12	Emily CHAN / Spencer Akira HOWE	USA	175.44	12	62.86 (32.22 / 30.64)	13	112.58 (55.33 / 58.25) -1.00
	13	Valentina PLAZAS / Maximiliano FERNANDEZ	USA	174.15	13	61.64 (33.42 / 29.22) -1.00	14	112.51 (58.82 / 55.69) -2.00
	14	Daria DANILOVA / Michel TSIBA	NED	172.24	17	59.07 (33.69 / 26.38) -1.00	12	113.17 (61.59 / 51.58)
	15	Kelly Ann LAURIN / Loucas ETHIER	CAN	169.48	14	60.18 (31.77 / 28.41)	15	109.30 (55.97 / 55.33) -2.00
	16	Cheng PENG / Lei WANG	CHN	165.67	15	59.50 (31.01 / 28.49)	16	106.17 (52.95 / 55.22) -2.00
	17	Sofiia HOLICHENKO / Artem DARENSKYI	UKR	159.39	16	59.34 (33.64 / 25.70)	18	100.05 (48.95 / 51.10)
	18	Milania VAANANEN / Filippo CLERICI	FIN	156.02	19	55.40 (30.65 / 24.75)	17	100.62 (51.90 / 48.72)
	19	Ioulia CHTCHETININA / Michal WOZNIAK	POL	155.91	18	56.24 (31.15 / 25.09)	19	99.67 (48.56 / 51.11)
	20	Anastasia VAIPAN-LAW / Luke DIGBY	GBR	153.06	20	54.69 (28.75 / 25.94)	20	98.37 (49.43 / 48.94)
		Final Not Reached						
	21	Isabella GAMEZ / Aleksandr KOROVIN	PHI	49.70	21	49.70 (27.39 / 23.31) -1.00	-	
	22	Sophia SCHALLER / Livio MAYR	AUT	49.54	22	49.54 (26.84 / 23.70) -1.00	-	
	23	Greta CRAFOORD / John CRAFOORD	SWE	49.05	23	49.05 (26.87 / 23.18) -1.00	-	
	24	Federica SIMIOLI / Alessandro ZARBO	CZE	46.84	24	46.84 (25.42 / 22.42) -1.00	-	
Dance	1	Madison CHOCK / Evan BATES	USA	222.20	1	90.08 (51.47 / 38.61)	2	132.12 (73.76 / 58.36)
	2	Piper GILLES / Paul POIRIER	CAN	219.68	3	86.51 (48.97 / 37.54)	1	133.17 (75.25 / 57.92)
	3	Charlene GUIGNARD / Marco FABBRI	ITA	216.52	2	87.52 (49.56 / 37.96)	3	129.00 (71.58 / 57.42)
	4	Lilah FEAR / Lewis GIBSON	GBR	210.92	4	84.60 (47.88 / 36.72)	4	126.32 (70.68 / 55.64)
	5	Marjorie LAJOIE / Zachary LAGHA	CAN	208.01	5	82.30 (46.88 / 35.42)	5	125.71 (71.15 / 54.56)
	6	Allison REED / Saulius AMBRULEVICIUS	LTU	200.96	6	80.99 (45.92 / 35.07)	9	119.97 (67.45 / 52.52)
	7	Christina CARREIRA / Anthony PONOMARENKO	USA	200.32	8	79.26 (44.83 / 34.43)	7	121.06 (68.76 / 52.30)
	8	Evgeniia LOPAREVA / Geoffrey BRISSAUD	FRA	200.28	7	80.01 (45.44 / 34.57)	8	120.27 (67.77 / 52.50)
	9	Laurence FOURNIER BEAUDRY / Nikolaj SOERENSEN	CAN	199.91	10	75.79 (40.83 / 34.96)	6	124.12 (69.90 / 54.22)
	10	Juulia TURKKILA / Matthias VERSLUIS	FIN	192.34	9	75.89 (42.49 / 33.40)	10	116.45 (65.59 / 50.86)
	11	Loicia DEMOUGEOT / Theo le MERCIER	FRA	190.00	11	75.74 (42.45 / 33.29)	13	114.26 (64.06 / 50.20)
	12	Diana DAVIS / Gleb SMOLKIN	GEO	188.34	12	74.46 (41.67 / 32.79)	14	113.88 (63.24 / 50.64)
	13	Katerina MRAZKOVA / Daniel MRAZEK	CZE	188.28	13	73.05 (40.70 / 32.35)	11	115.23 (65.39 / 49.84)
	14	Hannah LIM / Ye QUAN	KOR	186.51	14	71.89 (40.83 / 31.06)	12	114.62 (64.90 / 49.72)
	15	Natalie TASCHLEROVA / Filip TASCHLER	CZE	180.17	18	68.25 (36.62 / 31.63)	15	111.92 (63.00 / 48.92)
	16	Yuka ORIHARA / Juho PIRINEN	FIN	175.99	17	68.66 (38.37 / 30.29)	16	107.33 (59.99 / 47.34)
	17	Holly HARRIS / Jason CHAN	AUS	174.78	16	71.44 (40.62 / 30.82)	19	103.34 (58.12 / 45.22)
	18	Misato KOMATSUBARA / Tim KOLETO	JPN	173.90	20	66.92 (36.56 / 30.36)	17	106.98 (60.20 / 46.78)
	19	Olivia SMART / Tim DIECK	ESP	173.53	15	71.81 (40.89 / 30.92)	20	101.72 (54.78 / 46.94)
	20	Carolane SOUCISSE / Shane FIRUS	IRL	171.67	19	68.04 (37.55 / 30.49)	18	103.63 (57.93 / 45.70)
		Final Not Reached						
	21	Phebe BEKKER / James HERNANDEZ	GBR	66.39	21	66.39 (36.78 / 29.61)	-	
	22	Jennifer JANSE van RENSBURG / Benjamin STEFFAN	GER	65.86	22	65.86 (35.70 / 30.16)	-	
	23	Emily BRATTI / Ian SOMERVILLE	USA	65.21	23	65.21 (35.62 / 30.59) -1.00	-	
	24	Mariia IGNATEVA / Danijil Leonyidovics SZEMKO	HUN	64.59	24	64.59 (35.99 / 28.60)	-	
	25	Victoria MANNI / Carlo ROETHLISBERGER	ITA	63.64	25	63.64 (34.90 / 28.74)	-	
	26	Mariia HOLUBTSOVA / Kyryl BIELOBROV	UKR	63.30	26	63.30 (35.90 / 27.40)	-	
	27	Anna SIMOVA / Kirill AKSENOV	SVK	62.76	27	62.76 (34.92 / 27.84)	-	
	28	Milla Ruud REITAN / Nikolaj MAJOROV	SWE	61.13	28	61.13 (34.63 / 26.50)	-	
	29	Mariia NOSOVITSKAYA / Mikhail NOSOVITSKIY	ISR	59.16	29	59.16 (32.66 / 26.50)	-	
	30	Xizi CHEN / Jianing XING	CHN	58.80	30	58.80 (32.81 / 25.99)	-	
	31	Paulina RAMANAUSKAITE / Deividas KIZALA	LTU	58.52	31	58.52 (32.29 / 26.23)	-	
	32	Gina ZEHNDER / Beda Leon SIEBER	SUI	58.19	32	58.19 (31.83 / 26.36)	-	
	33	Solene MAZINGUE / Marko Jevgeni GAIDAJENKO	EST	57.09	33	57.09 (31.28 / 25.81)	-	
	34	Olivia OLIVER / Filip BOJANOWSKI	POL	54.19	34	54.19 (29.35 / 24.84)	-	
	35	Hanna JAKUCS / Alessio GALLI	NED	51.99	35	51.99 (28.56 / 23.43)	-	
	36	Adrienne CARHART / Oleksandr KOLOSOVSKYI	AZE	49.56	36	49.56 (26.01 / 23.55)	-	

男子メダリスト（左から）2位の鍵山優真、
1位のイリア・マリニン、3位のアダム・シャオイムファ
©Yazuka Wada

女子メダリスト（左から）2位のイザボー・レヴィト、
1位の坂本花織、3位のキム・チェヨン
©Yazuka Wada

ペアメダリスト（左から）2位の三浦璃来＆木原龍一、
1位のステラート＝デュデク＆デシャン、3位のハーゼ
＆ボロジン ©Yazuka Wada

アイスダンスメダリスト（左から）2位のギレス＆
ポワリエ、1位のチョック＆ベイツ、3位のギナール＆
ファッブリ ©Yazuka Wada

ISU World Junior Championships 2024
世界ジュニア選手権 2024 Feb.28-Mar.3, 2024 台湾・台北市

	Pl.	Name	Nation	Points		SP		FS
Men	1	Minkyu SEO	KOR	230.75	1	80.58 (44.33 / 36.25)	2	150.17 (73.45 / 76.72)
	2	Rio NAKATA	JPN	229.31	5	77.60 (41.64 / 35.96)	1	151.71 (78.08 / 73.63)
	3	Adam HAGARA	SVK	225.61	3	78.02 (43.18 / 34.84)	3	147.59 (76.09 / 71.50)
	4	Shunsuke NAKAMURA	JPN	215.46	10	72.85 (37.84 / 36.01) -1.00	4	142.61 (71.18 / 72.43) -1.00
	5	Francois PITOT	FRA	214.95	2	78.79 (41.75 / 37.04)	7	136.16 (63.30 / 73.86) -1.00
	6	Jaekeun LEE	KOR	212.22	12	70.15 (38.17 / 32.98) -1.00	5	142.07 (74.07 / 69.00) -1.00
	7	Arlet LEVANDI	EST	211.98	8	75.43 (39.00 / 36.43)	6	136.55 (61.39 / 75.16)
	8	Aleksa RAKIC	CAN	211.74	4	77.74 (42.79 / 34.95)	9	134.00 (65.20 / 69.80) -1.00
	9	Edward APPLEBY	GBR	205.55	6	75.69 (42.11 / 33.58)	11	129.86 (63.93 / 66.93) -1.00
	10	Jacob SANCHEZ	USA	199.17	9	73.35 (37.80 / 35.55)	15	125.82 (54.23 / 71.59)
	11	Jakub LOFEK	POL	199.04	7	75.55 (41.85 / 33.70)	18	123.49 (54.69 / 69.80) -1.00
	12	Yanhao LI	NZL	197.47	23	62.84 (29.55 / 33.29)	8	134.63 (70.79 / 64.84) -1.00
	13	Daniel MARTYNOV	USA	195.83	11	71.69 (36.34 / 35.35)	16	124.14 (62.27 / 63.87) -2.00
	14	Casper JOHANSSON	SWE	193.66	15	65.71 (35.94 / 29.77)	12	127.95 (68.10 / 59.85)
	15	Anthony PARADIS	CAN	193.61	21	63.19 (29.66 / 34.53) -1.00	10	130.42 (56.92 / 73.50)
	16	Yu-Hsiang LI	TPE	193.26	13	66.53 (35.21 / 31.32)	14	126.73 (66.42 / 60.31)
	17	Haru KAKIUCHI	JPN	192.82	16	65.49 (32.94 / 32.55)	13	127.33 (65.99 / 62.34) -1.00
	18	Matteo NALBONE	ITA	188.89	17	65.22 (36.01 / 29.21)	17	123.67 (66.13 / 57.54)
	19	Tamir KUPERMAN	ISR	182.83	20	63.60 (31.82 / 31.78)	20	119.23 (55.12 / 64.11)
	20	Konstantin SUPATASHVILI	GEO	182.68	19	63.99 (34.60 / 29.39)	21	118.69 (65.21 / 53.48)
	21	Aleksandr VLASENKO	HUN	181.85	24	62.12 (35.47 / 26.65)	19	119.73 (66.09 / 53.64)
	22	Matias LINDFORS	FIN	180.80	14	66.06 (34.33 / 31.73)	23	114.74 (51.40 / 64.34) -1.00
	23	Kyrylo MARSAK	UKR	180.42	18	64.29 (35.18 / 29.11)	22	116.13 (54.42 / 61.71)
	24	Denis KROUGLOV	BEL	169.21	22	63.09 (33.70 / 29.39)	24	106.12 (51.15 / 56.97) -2.00
		Final Not Reached						
	25	Fedir KULISH	LAT	61.84	25	61.84 (33.14 / 29.70) -1.00	-	
	26	Luka IMEDASHVILI	LTU	60.52	26	60.52 (32.20 / 28.32)	-	
	27	Ali Efe GUNES	TUR	60.37	27	60.37 (33.65 / 26.72)	-	
	28	Aurelian CHERVET	SUI	59.54	28	59.54 (29.84 / 29.70)	-	
	29	Raffaele Francesco ZICH	ITA	59.48	29	59.48 (25.97 / 33.51)	-	
	30	Hugo Willi HERRMANN	GER	58.56	30	58.56 (29.92 / 28.64)	-	
	31	Georgii PAVLOV	SUI	57.36	31	57.36 (31.00 / 26.36)	-	
	32	Elias SAYED	SWE	57.27	32	57.27 (29.36 / 27.91)	-	
	33	Oleg MELNIKOV	KAZ	53.78	33	53.78 (28.95 / 25.83) -1.00	-	
	34	Jegor MARTSENKO	EST	51.90	34	51.90 (24.53 / 27.37)	-	
	35	Ze Zeng FANG	MAS	50.69	35	50.69 (26.17 / 24.52)	-	
	36	Daniil VALANOV	NOR	49.33	36	49.33 (25.06 / 24.27)	-	
	37	David SEDEJ	SLO	48.96	37	48.96 (24.03 / 24.93)	-	
	38	Deyan MIHAYLOV	BUL	48.03	38	48.03 (23.64 / 24.39)	-	
	39	Mikayel SALAZARYAN	ARM	47.50	39	47.50 (25.93 / 21.57)	-	
	40	Adrian JIMENEZ de BALDOMERO	ESP	44.63	40	44.63 (22.20 / 23.43) -1.00	-	
	41	Chiu Hei CHEUNG	HKG	44.24	41	44.24 (22.56 / 22.68) -1.00	-	
Women	1	Mao SHIMADA	JPN	218.36	2	72.60 (40.73 / 31.87)	1	145.76 (82.16 / 63.60)
	2	Jia SHIN	KOR	212.43	1	73.48 (41.31 / 32.17)	2	138.95 (73.93 / 65.02)
	3	Rena UEZONO	JPN	194.70	8	61.96 (34.56 / 28.40) -1.00	3	132.74 (71.73 / 61.01)
	4	Iida KARHUNEN	FIN	186.32	4	64.64 (36.96 / 27.68)	4	121.68 (66.67 / 55.01)
	5	Ikura KUSHIDA	JPN	180.97	3	66.61 (37.79 / 28.82)	11	114.36 (58.84 / 57.52) -2.00
	6	Anastasia BRANDENBURG	SUI	177.36	6	62.57 (35.73 / 26.84)	10	114.79 (59.63 / 56.16) -1.00
	7	Sarina JOOS	ITA	174.73	14	57.66 (33.33 / 25.33) -1.00	5	117.07 (64.52 / 52.55)
	8	Sherry ZHANG	USA	174.04	11	58.57 (32.22 / 27.35) -1.00	7	115.47 (62.35 / 55.12) -2.00
	9	Stefania GLADKI	FRA	173.84	10	58.65 (32.80 / 25.85)	9	115.19 (62.94 / 52.25)
	10	Lulu LIN	CAN	173.71	15	57.12 (32.36 / 24.76)	6	116.59 (64.63 / 51.96)
	11	Elina GOIDINA	EST	172.89	5	63.03 (36.87 / 26.16)	17	109.86 (58.83 / 53.03) -2.00
	12	Inga GURGENIDZE	GEO	172.87	7	62.28 (35.55 / 26.73)	16	110.59 (59.63 / 51.96) -1.00
	13	Maria Eliise KALJUVERE	EST	170.96	17	55.62 (28.94 / 26.68)	8	115.34 (61.46 / 53.88)
	14	Anthea GRADINARU	SUI	170.84	13	57.85 (33.29 / 24.56)	12	112.99 (62.55 / 50.44)
	15	Yuseong KIM	KOR	170.80	9	59.58 (33.12 / 26.46)	15	111.22 (59.52 / 53.70) -2.00
	16	Yujae KIM	KOR	167.84	18	54.98 (28.20 / 27.78) -1.00	13	112.86 (62.28 / 51.58) -1.00
	17	Phattaratida KANESHIGE	THA	166.32	21	54.01 (30.74 / 23.27)	14	112.31 (63.18 / 49.13)
	18	Jana HORCICKOVA	CZE	164.22	12	58.33 (33.48 / 24.85)	22	105.89 (54.98 / 50.91)
	19	Polina DZSUMANYIJAZOVA	HUN	162.39	24	53.35 (29.35 / 25.00) -1.00	18	109.04 (60.02 / 49.02)
	20	Josephine LEE	USA	161.74	20	54.33 (27.55 / 26.78)	19	107.41 (56.34 / 52.07) -1.00
	21	Kaiya RUITER	CAN	161.19	19	54.62 (29.49 / 25.13)	20	106.57 (55.72 / 51.85) -1.00
	22	Sophia SHIFRIN	ISR	159.77	22	53.84 (30.33 / 23.51)	21	105.93 (57.69 / 48.24)
	23	Yu-Feng TSAI	TPE	158.90	16	56.30 (30.55 / 25.75)	23	102.60 (53.25 / 50.35) -1.00
	24	Noelle STREULI	POL	155.39	23	53.38 (28.58 / 24.80)	24	102.01 (56.44 / 45.57)
		Final Not Reached						
	25	Olesya RAY	GER	53.11	25	53.11 (29.79 / 23.32)	-	
	26	Hana BATH	AUS	52.48	26	52.48 (28.59 / 23.89)	-	
	27	Nina FREDRIKSSON	SWE	51.61	27	51.61 (29.11 / 22.50)	-	
	28	Zoja KRAMAR	SLO	50.83	28	50.83 (28.85 / 21.98)	-	
	29	Olivia LENGYELOVA	SVK	50.74	29	50.74 (28.88 / 21.86)	-	
	30	Zhasmin SHLAGA	KGZ	49.74	30	49.74 (28.60 / 21.14)	-	
	31	Hannah FRANK	AUT	49.59	31	49.59 (28.21 / 22.38) -1.00	-	
	32	Kira BARANOVSKA	LAT	48.55	32	48.55 (26.61 / 22.94) -1.00	-	
	33	Angel DELEVAQUE	NED	48.33	33	48.33 (26.25 / 23.08) -1.00	-	
	34	Yekaterina BALYUBA	KAZ	47.25	34	47.25 (27.87 / 19.38)	-	
	35	Chiara HRISTOVA	BUL	46.17	35	46.17 (24.61 / 21.56)	-	
	36	Lena CUSAK	CRO	45.71	36	45.71 (25.28 / 21.43) -1.00	-	
	37	Taisiia SPESIVTSEVA	UKR	45.30	37	45.30 (22.45 / 22.85)	-	
	38	Gian-Quen ISAACS	RSA	44.30	38	44.30 (23.98 / 21.32) -1.00	-	
	39	Meda VARIAKOJYTE	LTU	43.57	39	43.57 (22.99 / 20.58)	-	
	40	Megan WONG	HKG	39.88	40	39.88 (19.31 / 20.57)	-	
	41	Sabina ALIEVA	AZE	39.71	41	39.71 (22.54 / 19.17) -2.00	-	
	42	Derya TAYGAN	TUR	39.47	42	39.47 (21.79 / 17.68)	-	
	43	Mia RISA GOMEZ	NOR	37.97	43	37.97 (19.05 / 20.92) -2.00	-	
	44	Natalia ACOSTA MOISES	MEX	34.90	44	34.90 (17.85 / 17.05)	-	
	45	Sofia Lexi Jacqueline FRANK	PHI	32.83	45	32.83 (15.54 / 18.29) -1.00	-	
	46	Alexa SEVERN	GBR	31.68	46	31.68 (16.59 / 18.09) -3.00	-	

	Pl.	Name	Nation	Points	SP/RD		FS/FD	
Pairs	1	Anastasiia METELKINA / Luka BERULAVA	GEO	179.32	1	71.53 (39.90 / 31.63)	1	107.79 (48.72 / 60.07) -1.00
	2	Olivia FLORES / Luke WANG	USA	166.89	2	62.33 (35.79 / 26.54)	2	104.56 (51.40 / 54.16) -1.00
	3	Naomi WILLIAMS / Lachlan LEWER	USA	146.00	4	55.37 (31.25 / 24.12)	4	90.63 (41.66 / 49.97) -1.00
	4	Irina NAPOLITANO / Edoardo COMI	ITA	143.88	7	49.76 (27.48 / 22.28)	3	94.12 (44.73 / 49.39)
	5	Martina ARIANO KENT / Charly LALIBERTE LAURENT	CAN	141.26	3	55.67 (30.88 / 24.79)	6	85.59 (41.01 / 47.58) -3.00
	6	Ava KEMP / Yohnatan ELIZAROV	CAN	140.67	5	54.86 (29.97 / 24.89)	5	85.81 (41.71 / 47.10) -3.00
	7	Violetta SIEROVA / Ivan KHOBTA	UKR	134.01	8	48.93 (25.18 / 23.75)	7	85.08 (40.92 / 46.16) -2.00
	8	Debora Anna COHEN / Lukas VOCHOZKA	CZE	128.53	9	46.78 (24.97 / 21.81)	8	81.75 (40.43 / 42.32) -1.00
	9	Romane TELEMAQUE / Lucas COULON	FRA	127.46	10	46.58 (25.20 / 21.38)	9	80.88 (38.97 / 42.91) -1.00
	10	Adele ZHENG / Andy DENG	USA	124.88	11	46.02 (24.42 / 21.60)	11	78.86 (36.87 / 42.99) -1.00
	11	Sofia ENKINA / Nikita KOVALENKO	ISR	124.81	12	45.83 (25.68 / 20.15)	10	78.98 (38.01 / 41.97) -1.00
	12	Nora Marleen ROTHENBUEHLER / Mozes Jozsef BEREI	HUN	120.79	15	42.28 (22.76 / 19.52)	12	78.51 (38.17 / 40.34)
	13	Nikola SITKOVA / Oliver KUBACAK	SVK	120.39	13	44.94 (25.04 / 19.90)	13	75.45 (37.69 / 37.76)
	14	Sae SHIMIZU / Lucas Tsuyoshi HONDA	JPN	115.77	14	43.69 (24.17 / 19.52)	14	72.08 (37.66 / 36.42) -2.00
	15	Aliyah ACKERMANN / Tobija HARMS	GER	113.08	16	41.97 (22.45 / 19.52)	15	71.11 (35.96 / 36.15) -1.00
	Withdrawn							
	-	Louise EHRHARD / Matthis PELLEGRIS	FRA	50.75	6	50.75 (28.11 / 22.64)	-	
	Final Not Reached							
	17	Lucy HAY / Kyle McLEOD	GBR	41.49	17	41.49 (23.27 / 19.22) -1.00	-	
	18	Claudia Sinclair SCOTTI / Noah QUESADA	ESP	41.06	18	41.06 (22.20 / 18.86)	-	
	19	Sonja LOEWENHERZ / Robert LOEWENHERZ	GER	36.73	19	36.73 (19.15 / 18.58) -1.00	-	
Dance	1	Leah NESET / Artem MARKELOV	USA	169.76	1	70.16 (38.20 / 31.96)	1	99.60 (52.32 / 48.28) -1.00
	2	Elizabeth TKACHENKO / Alexei KILIAKOV	ISR	162.68	3	65.88 (35.35 / 30.53)	2	96.80 (50.00 / 46.80)
	3	Darya GRIMM / Michail SAVITSKIY	GER	162.13	2	66.11 (36.66 / 29.45)	3	96.02 (50.16 / 45.86)
	4	Celina FRADJI / Jean-Hans FOURNEAUX	FRA	156.66	6	61.52 (32.78 / 28.74)	4	95.14 (51.02 / 44.12)
	5	Elliana PEAL / Ethan PEAL	USA	154.09	5	61.65 (34.21 / 27.44)	5	92.44 (49.24 / 43.20)
	6	Chloe NGUYEN / Brendan GIANG	CAN	151.09	7	61.22 (35.81 / 25.41)	6	89.87 (48.67 / 41.20)
	7	Noemi Maria TALI / Noah LAFORNARA	ITA	148.57	4	62.58 (35.17 / 27.41)	9	85.99 (46.27 / 42.72) -3.00
	8	Layla VEILLON / Alexander BRANDYS	CAN	147.40	11	58.08 (32.48 / 25.60)	7	89.32 (49.32 / 40.00)
	9	Yahli PEDERSEN / Jeffrey CHEN	USA	144.55	13	56.81 (30.35 / 26.46)	8	87.74 (46.96 / 40.78)
	10	Dania MOUADEN / Theo BIGOT	FRA	144.52	10	58.66 (32.91 / 25.75)	10	85.86 (45.50 / 40.36)
	11	Angelina KUDRYAVTSEVA / Ilia KARANKEVICH	CYP	141.08	8	59.68 (32.79 / 26.89)	14	81.40 (40.90 / 40.50)
	12	Sara KISHIMOTO / Atsuhiko TAMURA	JPN	140.87	14	56.75 (31.04 / 25.71)	11	84.12 (44.84 / 39.28)
	13	Ashlie SLATTER / Atl ONGAY-PEREZ	GBR	140.41	12	56.84 (31.29 / 25.55)	13	83.57 (45.55 / 38.02)
	14	Gina ZEHNDER / Beda Leon SIEBER	SUI	136.05	9	58.90 (31.64 / 27.26)	16	77.15 (36.79 / 40.36)
	15	Iryna PIDGAINA / Artem KOVAL	UKR	134.79	19	51.16 (26.65 / 25.51) -1.00	12	83.63 (43.97 / 39.66)
	16	Jinny KIM / Namu LEE	KOR	134.43	15	54.73 (30.98 / 23.75)	15	79.70 (43.48 / 36.22)
	17	Alisa KORNEVA / Kieran MACDONALD	CAN	130.18	18	53.08 (30.24 / 22.84)	17	77.10 (42.88 / 34.22)
	18	Sofiia BEZNOSIKOVA / Max LELEU	BEL	129.30	17	53.62 (30.21 / 23.41)	18	75.68 (40.42 / 35.26)
	19	Sofiia DOVHAL / Wiktor KULESZA	POL	128.30	16	54.19 (30.12 / 24.07)	19	74.11 (38.61 / 36.50) -1.00
	20	Natalie BLAASOVA / Filip BLAAS	CZE	119.98	20	49.69 (27.54 / 22.15)	20	70.29 (38.43 / 32.86) -1.00
	Final Not Reached							
	21	Kristina DOBROSERDOVA / Alessandro PELLEGRINI	ARM	49.14	21	49.14 (27.98 / 21.16)	-	
	22	Mariia ALIEVA / Yehor BARSHAK	GEO	48.93	22	48.93 (25.90 / 23.03)	-	
	23	Hilda TAYLOR / Nolen HICKEY	FIN	47.26	23	47.26 (27.84 / 19.42)	-	
	24	Irmak YUCEL / Danil PAK	TUR	46.89	24	46.89 (25.40 / 21.49)	-	
	25	Lauren Audrey BATKOVA / Jacob YANG	CZE	45.53	25	45.53 (27.21 / 18.32)	-	
	26	Molly HAIRSINE / Alessio SURENKOV-GULTCHEV	GBR	44.19	26	44.19 (22.80 / 22.39) -1.00	-	
	27	Eliska ZAKOVA / Filip MENCL	CZE	44.06	27	44.06 (24.16 / 20.90) -1.00	-	
	28	Anita STRAUB / Andreas STRAUB	AUT	43.31	28	43.31 (22.84 / 20.47)	-	
	29	Sarah MARCILLY VAZQUEZ / Jolan ENGEL	ESP	42.81	29	42.81 (25.57 / 17.24)	-	
	30	Catharina GUEDES TIBAU / Cayden Oliver DAWSON	BRA	39.62	30	39.62 (22.84 / 16.78)	-	
	31	Ksenia SIPUNOVA / Miron KORJAGIN	EST	34.58	31	34.58 (19.86 / 15.72) -1.00	-	

男子メダリスト（左から）2位の中田璃士、1位のソ・ミンギュ、3位のアダム・ハガラ ©Nobuaki Tanaka/Shutterz

女子メダリスト（左から）2位のシン・ジア、1位の島田麻央、3位の上薗恋奈 ©Nobuaki Tanaka/Shutterz

ペアメダリスト（左から）2位のフローレス＆ワン、1位のメテルキナ＆ベルラワ、
3位のウィリアムズ＆ロア ©Nobuaki Tanaka/Shutterz

アイスダンスメダリスト（左から）2位のトカチェンコ＆キリアコフ、1位のネセット＆マルケロフ、
3位のグリム＆サビツキー ©Nobuaki Tanaka/Shutterz

Winter Youth Olympic Games Gangwon 2024
ユースオリンピック　Jan.19-Feb.2, 2024　韓国・江陵

	Pl.	Name	Nation	Points		SP/RD		FS/FD
Men	1	KIM Hyungyeom	KOR	216.73	3	69.28 (35.91 / 34.37) -1.00	1	147.45 (77.29 / 70.16)
	2	HAGARA Adam	SVK	216.23	2	75.06 (40.71 / 34.35)	3	141.17 (72.44 / 68.73)
	3	LI Yanhao	NZL	208.84	4	68.01 (33.96 / 34.05)	4	140.83 (70.53 / 70.30)
	4	SANCHEZ Jacob	USA	200.28	1	76.38 (40.47 / 35.91)	6	123.90 (55.86 / 68.04)
	5	NAKATA Rio	JPN	198.29	13	55.59 (25.40 / 31.19) -1.00	2	142.70 (74.56 / 68.14)
	6	ZICH Raffaele Francesco	ITA	189.84	6	66.05 (32.77 / 33.28)	7	123.79 (54.83 / 68.96)
	7	KAKIUCHI Haru	JPN	185.88	8	61.11 (29.20 / 31.91)	5	124.77 (62.70 / 62.07)
	8	TIAN Tonghe	CHN	179.32	5	67.08 (35.94 / 31.14)	11	112.24 (53.34 / 59.90) -1.00
	9	PAVLOV Georgii	SUI	178.82	7	61.97 (32.93 / 29.04)	9	116.85 (58.48 / 58.37)
	10	LI David	CAN	175.73	11	57.16 (28.79 / 31.37) -3.00	8	118.57 (56.26 / 62.31)
	11	SUPATASHVILI Konstantin	GEO	174.73	10	58.48 (31.56 / 27.92) -1.00	10	116.25 (61.24 / 56.01) -1.00
	12	MACRAE Tao	GBR	171.61	9	59.49 (31.75 / 27.74)	12	112.12 (54.55 / 57.57)
	13	CHERVET Aurelian	SUI	165.55	12	56.55 (30.31 / 26.24)	13	109.00 (51.89 / 57.11)
	14	NOVIKOV Vadym	UKR	160.64	14	54.91 (27.18 / 27.73)	14	105.73 (53.78 / 51.95)
	15	MOTILLA Gianni	FRA	156.26	17	51.79 (26.30 / 26.49) -1.00	15	104.47 (53.09 / 51.38)
	16	SAYED Elias	SWE	150.14	15	54.57 (29.08 / 26.49) -1.00	16	95.57 (46.55 / 49.02)
	17	KORKACS Kirills	LAT	144.43	16	53.36 (27.88 / 25.48)	17	91.07 (45.05 / 46.02)
	18	MARTSENKO Jegor	EST	135.47	18	47.89 (22.33 / 25.56)	18	87.58 (41.10 / 47.48) -1.00
Women	1	SHIMADA Mao	JPN	196.99	1	71.05 (39.41 / 31.64)	1	125.94 (64.78 / 62.16) -1.00
	2	SHIN Jia	KOR	191.83	3	66.48 (35.86 / 30.62)	2	125.35 (63.45 / 61.90)
	3	TAKAGI Yo	JPN	183.20	2	67.23 (37.67 / 29.56)	5	115.97 (55.15 / 60.82)
	4	KIM Yuseong	KOR	181.53	4	63.64 (36.52 / 27.12)	4	117.89 (62.81 / 56.08) -1.00
	5	GURGENIDZE Inga	GEO	173.41	7	57.99 (33.11 / 25.88) -1.00	6	115.42 (64.29 / 51.13)
	6	ZHANG Sherry	USA	169.45	14	45.97 (22.40 / 25.57) -2.00	3	123.48 (69.70 / 53.78)
	7	GAO Shiqi	CHN	168.41	5	60.28 (33.77 / 26.51)	8	108.13 (56.18 / 52.95) -1.00
	8	KARHUNEN Iida	FIN	166.88	11	55.04 (29.39 / 25.65)	7	111.84 (60.90 / 50.94)
	9	GRADINARU Anthea	SUI	162.97	10	55.78 (31.93 / 24.85) -1.00	9	107.19 (58.76 / 48.43)
	10	TSAI Yu-Feng	TPE	156.64	9	56.46 (29.20 / 27.26)	11	100.18 (47.93 / 52.25)
	11	RUITER Kaiya	CAN	154.95	6	58.78 (31.52 / 27.26)	12	96.17 (42.62 / 54.55) -1.00
	12	SHIFRIN Sophia	ISR	152.54	12	49.54 (26.75 / 22.79)	10	103.00 (56.08 / 46.92)
	13	KALJUVERE Maria Eliise	EST	149.91	8	56.52 (31.77 / 25.75) -1.00	13	93.39 (46.66 / 48.73) -2.00
	14	EKKER Lena	HUN	135.76	15	44.93 (23.37 / 21.56)	14	90.83 (45.83 / 45.00)
	15	DUBECQ Eve	FRA	128.17	13	47.69 (27.07 / 21.62)	15	80.48 (42.32 / 40.16) -2.00
	16	STEPCENKO Sofja	LAT	120.79	16	44.77 (24.25 / 21.52) -1.00	16	76.02 (38.82 / 37.20)
	17	KACZMARCZYK Sienna	AUS	112.46	17	39.97 (20.31 / 19.66)	17	72.49 (35.96 / 36.53)
	Withdrawn							
	-	YAKOVLEVA Stefania	CYP	-	-	-	-	-
Pairs	1	BEHNKE Annika / SAUVE Kole	CAN	113.63	1	39.09 (21.72 / 18.37) -1.00	1	74.54 (38.45 / 37.09) -1.00
	2	SMITH Cayla / MCPIKE Jared	USA	98.00	2	36.80 (19.21 / 17.59)	3	61.20 (25.08 / 36.12)
	3	CAMPILLO Carolina Shan / VILELLA Pau	ESP	94.03	3	31.52 (16.37 / 16.15) -1.00	2	62.51 (28.77 / 33.74)
	4	BELLAMY-MARTINS Peyton / PRADEAUX Kryshtof	AUS	88.36	4	29.03 (16.40 / 14.63) -2.00	4	59.33 (27.28 / 32.05)
Dance	1	PERRIER GIANESINI Ambre / BLANC KLAPERMAN Samuel	FRA	155.35	1	62.39 (34.42 / 27.97)	1	92.96 (51.24 / 42.72) -1.00
	2	ILIN Olivia / CAIN Dylan	USA	142.38	2	57.46 (32.31 / 25.15)	3	84.92 (46.28 / 38.64)
	3	SLATTER Ashlie / ONGAY-PEREZ Atl	GBR	140.16	7	50.91 (25.94 / 25.97) -1.00	2	89.25 (47.89 / 41.36)
	4	KIM Jinny / LEE Namu	KOR	139.40	3	56.58 (31.16 / 25.42)	5	82.82 (44.40 / 38.42)
	5	GANS Audra / BOUTSAN Michael	CAN	136.82	4	52.99 (30.39 / 22.60)	4	83.83 (46.85 / 36.98)
	6	PSURNA Andrea / NOVAK Jachym	CZE	126.63	5	51.22 (28.19 / 23.03)	7	75.41 (40.05 / 35.36)
	7	LIU Tong / GE Quanshuo	CHN	126.50	6	50.92 (29.27 / 21.65)	6	75.58 (41.80 / 34.78) -1.00
	8	MAYER Mia Lee / CALDERARI Davide	GER	125.44	8	50.57 (28.19 / 22.38)	8	74.87 (40.37 / 34.50)
	9	KRAVETS Caroline / STARK Jacob	CAN	115.70	9	47.98 (25.08 / 22.90)	9	67.72 (36.22 / 31.50)
	10	BIANCHI Zoe / ROTA Pietro	ITA	105.83	10	41.50 (23.25 / 18.25)	10	64.33 (36.39 / 28.94) -1.00
	11	REKUNOVA Sofiia / FEDIANKIN Denys	UKR	93.21	11	35.76 (20.75 / 15.01)	11	57.45 (32.81 / 24.64)
	12	VLCKOVA Klara / VLCEK Tomas	CZE	82.33	12	33.09 (17.79 / 15.30)	12	49.24 (27.24 / 22.00)

男子メダリスト（左から）2位のアダム・ハガラ、1位のキム・ヒョンギョム、3位のヤンハオ・リー
©Nobuaki Tanaka/Shutterz

女子メダリスト（左から）2位のシン・ジア、1位の島田麻央、3位の髙木謠　©Nobuaki Tanaka/Shutterz

ペアメダリスト（左から）2位のスミス＆マクパイク、1位のベンキー＆ソービー、3位のカンピーリョ＆ビレリャ
©Nobuaki Tanaka/Shutterz

アイスダンスメダリスト（左から）2位のイリーン＆ケイン、1位のペリエ・ジャネジニ＆
ブランク・クラッペルマン、3位のスラッター＆オンガイ＝ペレス　©Nobuaki Tanaka/Shutterz

Team Result 団体

Pl.	Team	Men	Women	Pairs	Dance	Total Points
1	Republic of Korea	5	5	-	3	13
2	United States of America	4	4	[4]	4	12
3	Canada	2	2	5	[1]	9
4	People's Republic of China	3	3	-	2	8
5	France	1	1	-	5	7

団体戦の表の見方

団体結果は左部分がチーム順位、中部分が各カテゴリーの獲得ポイント、右部分が合計ポイント。下は団体戦で実施された4種目の詳細。右端は順位点、順位点は1位5点から1点刻み。[ ]内のポイントはチームの順位点に加算されていない。

Team Event - Men Single Skating - Free Skating 男子

Pl.	Name	Nation	FS	Points
1	KIM Hyungyeom	KOR	136.38 (70.18 / 67.20) -1.00	5
2	SANCHEZ Jacob	USA	129.77 (63.25 / 67.52) -1.00	4
3	TIAN Tonghe	CHN	125.12 (63.78 / 61.34)	3
4	LI David	CAN	116.61 (56.11 / 61.50) -1.00	2
5	MOTILLA Gianni	FRA	94.10 (44.68 / 50.42) -1.00	1

Team Event - Women Single Skating - Free Skating 女子

Pl.	Name	Nation	FS	Points
1	SHIN Jia	KOR	137.48 (74.44 / 63.04)	5
2	ZHANG Sherry	USA	122.76 (66.21 / 56.55)	4
3	GAO Shiqi	CHN	118.31 (63.95 / 54.36)	3
4	RUITER Kaiya	CAN	103.41 (49.35 / 54.06)	2
5	DUBECQ Eve	FRA	87.70 (46.38 / 42.32) -1.00	1

Team Event - Pair Skating - Free Skating ペア

Pl.	Name	Nation	FS	Points
1	BEHNKE Annika / SAUVE Kole	CAN	82.39 (42.52 / 39.87)	5
2	SMITH Cayla / MCPIKE Jared	USA	63.55 (27.72 / 35.83)	4

Team Event - Ice Dance - Free Dance アイスダンス

Pl.	Name	Nation	FD	Points
1	PERRIER GIANESINI Ambre / BLANC KLAPERMAN Samuel	FRA	97.69 (53.97 / 43.72)	5
2	ILIN Olivia / CAIN Dylan	USA	88.63 (49.49 / 39.14)	4
3	KIM Jinny / LEE Namu	KOR	82.15 (44.37 / 37.78)	3
4	LIU Tong / GE Quanshuo	CHN	80.42 (45.36 / 35.06)	2
5	GANS Audra / BOUTSAN Michael	CAN	80.24 (43.74 / 36.50)	1

ISU World Synchronized Skating Championships 2024
世界シンクロナイズドスケーティング選手権 2024 Apr.5-6, 2024 クロアチア・ザグレブ

	Name	Nation	Points		SP		FS
1	Team Les Supremes	CAN	237.97	1	78.89 (41.22 / 37.67)	1	159.08 (81.55 / 77.53)
2	Team Haydenettes	USA	233.85	3	76.74 (40.31 / 36.43)	2	157.11 (81.87 / 75.24)
3	Team Helsinki Rockettes	FIN	229.84	2	78.00 (40.75 / 37.25)	3	151.84 (76.98 / 74.86)
4	Team Unique	FIN	227.11	4	76.50 (40.16 / 36.34)	4	150.61 (77.67 / 72.94)
5	Team Nova Senior	CAN	211.58	5	72.09 (38.93 / 33.16)	5	139.49 (72.40 / 68.09) -1.00
6	Team Skyliners	USA	206.27	6	69.28 (36.49 / 32.79)	6	136.99 (70.62 / 66.37)
7	Team Berlin 1	GER	195.16	8	63.91 (33.83 / 30.08)	7	131.25 (69.84 / 61.41)
8	Team Passion	HUN	187.99	7	65.72 (35.74 / 29.98)	9	122.27 (62.76 / 59.51)
9	Team Ice on Fire	ITA	185.53	10	59.96 (32.51 / 28.45) -1.00	8	125.57 (67.36 / 59.21) -1.00
10	Team Jingu Ice Messengers	JPN	181.05	11	59.90 (33.55 / 26.35)	10	121.15 (65.64 / 55.51)
11	Team Inspire	SWE	175.25	9	60.58 (31.74 / 28.84)	11	114.67 (58.60 / 58.07) -2.00
12	Team Ice Fire Senior	POL	169.35	13	54.99 (29.20 / 25.79)	12	114.36 (60.77 / 53.59)
13	Team Olympia	CZE	161.68	12	56.04 (30.49 / 25.55)	15	105.64 (55.44 / 51.20) -1.00
14	Team United Angels	GER	161.09	14	54.89 (29.66 / 25.23)	14	106.20 (58.69 / 49.51) -2.00
15	Team Starlight Elite	SUI	157.88	16	50.73 (27.59 / 23.14)	13	107.15 (58.16 / 48.99)
16	Team Zoulous	FRA	156.92	15	53.71 (29.04 / 24.67)	17	103.21 (54.46 / 48.75)
17	Team Ice United	NED	154.44	17	49.35 (28.55 / 21.80) -1.00	16	105.09 (56.65 / 48.44)
18	Team Icicles Senior	GBR	131.50	19	41.61 (22.32 / 19.29)	18	89.89 (50.13 / 39.76)
19	Team Zagreb Snowflakes	CRO	128.31	20	40.76 (20.66 / 20.10)	19	87.55 (48.65 / 38.90)
20	Team Unity	AUS	120.99	18	45.06 (25.35 / 20.71) -1.00	20	75.93 (45.89 / 34.04) -4.00
21	Team Cosmos	TUR	55.36	21	22.00 (11.36 / 10.64)	21	33.36 (18.79 / 16.57) -2.00

ISU World Junior Synchronized Skating Championships 2024
世界ジュニアシンクロナイズドスケーティング選手権 2024 Mar.15-16, 2024 スイス・ヌーシャテル

Pl.	Name	Nation	Points		SP		FS
1	Team Les Supremes Junior	CAN	205.14	1	74.01 (39.69 / 34.32)	1	131.13 (60.93 / 70.20)
2	Team Fintastic Junior	FIN	199.71	2	71.89 (37.69 / 34.20)	2	127.82 (58.50 / 69.32)
3	Team Skyliners Junior	USA	196.68	3	70.93 (39.24 / 32.69) -1.00	3	125.75 (58.42 / 67.33)
4	Team Elite Junior	USA	191.59	4	68.66 (36.69 / 32.97) -1.00	4	122.93 (56.29 / 66.64)
5	Team Valley Bay Synchro Junior	FIN	184.56	6	64.58 (35.51 / 30.07) -1.00	5	119.98 (56.79 / 63.19)
6	Team Nexxice Junior	CAN	183.26	5	66.72 (35.23 / 31.49)	6	116.54 (52.82 / 64.72) -1.00
7	Team Seaside Junior	SWE	163.06	7	60.28 (34.26 / 27.02) -1.00	7	102.78 (47.93 / 56.85) -2.00
8	Team Hot Shivers Junior	ITA	158.29	8	57.04 (29.71 / 27.33)	8	101.25 (46.03 / 55.22)
9	Team Starlight Junior	SUI	148.83	9	53.56 (29.66 / 23.90)	9	95.27 (46.36 / 48.91)
10	Team Jingu Ice Messengers Junior	JPN	136.51	10	46.69 (26.92 / 20.77) -1.00	10	89.82 (41.97 / 49.85) -2.00
11	Team Ice Fire Junior	POL	133.24	11	44.96 (25.45 / 20.51) -1.00	11	88.28 (46.08 / 43.20) -1.00
12	Team Harmonia Junior	CZE	128.23	12	44.21 (23.73 / 20.48)	12	84.02 (41.68 / 42.34)
13	Team Berlin Junior	GER	121.88	15	41.13 (20.28 / 20.85)	13	80.75 (37.74 / 43.01)
14	Team Ladybirds Junior	ITA	119.85	16	40.96 (23.29 / 19.67) -2.00	15	78.89 (39.38 / 40.51) -1.00
15	Team Solway Stars Junior	GBR	116.58	17	36.15 (21.00 / 17.15) -2.00	14	80.43 (39.64 / 40.79)
16	Team Colibris Vienna Junior	AUT	115.81	13	41.77 (23.82 / 17.95)	17	74.04 (37.41 / 36.63)
17	Team Magic Junior	HUN	114.11	14	41.68 (23.34 / 18.34)	18	72.43 (35.48 / 37.95) -1.00
18	Team Jeanne D'Arc Junior	FRA	111.28	19	35.00 (19.41 / 16.59) -1.00	16	76.28 (37.74 / 38.54)
19	Team Majestic Ice Junior	AUS	97.84	18	35.78 (19.43 / 16.35)	20	62.06 (31.13 / 32.93) -2.00
20	Team Mirum Junior	ESP	97.05	20	32.80 (17.32 / 15.48)	19	64.25 (31.54 / 34.71) -2.00
21	Team Illuminettes Junior	NED	87.16	22	26.82 (14.33 / 14.49) -2.00	21	60.34 (29.56 / 32.78) -2.00
22	Team Zagreb Snowflakes Junior	CRO	82.68	21	31.86 (17.09 / 14.77)	23	50.82 (27.52 / 29.30) -6.00
23	Team Titanium Junior	NZL	77.97	23	24.55 (14.62 / 11.93) -2.00	22	53.42 (28.99 / 24.43)
24	Team Bosphorus Junior	TUR	66.98	24	21.52 (11.36 / 11.16) -1.00	24	45.46 (24.10 / 21.36)

Japan National Synchronized Skating Championships
第30回全日本シンクロナイズドスケーティング選手権 Feb.3-4, 2024 京都府・京都市

	Pl.	Name	Points		SP		FS
シニア	1	Jingu Ice Messengers	169.56	1	53.16 (29.42 / 24.74) -1.00	1	116.40 (61.26 / 55.14)
ジュニア	1	神宮 Ice Messengers Junior	133.85	1	44.99 (25.04 / 19.95)	1	88.86 (45.35 / 43.51)

2024 Prevagen U.S. Championships

全米選手権 Jan.23-28, 2024　アメリカ・コロンバス

	Pl.	Name	Points		SP / RD		FS / FD
Men	1	Ilia Malinin	294.35	1	108.57 (61.99 / 46.58)	1	185.78 (95.10 / 91.68) -1.00
	2	Jason Brown	264.50	3	89.02 (43.85 / 46.17) -1.00	2	175.48 (83.07 / 92.41)
	3	Camden Pulkinen	262.33	5	87.90 (45.99 / 41.91)	3	174.43 (89.88 / 84.55)
	4	Maxim Naumov	260.50	2	89.72 (48.98 / 40.74)	4	170.78 (86.36 / 85.42) -1.00
	5	Andrew Torgashev	239.21	4	88.02 (46.26 / 41.76)	7	151.19 (67.60 / 83.59)
	6	Jimmy Ma	238.57	9	76.54 (39.68 / 37.86) -1.00	6	162.03 (83.44 / 78.59)
	7	Yaroslav Paniot	233.17	12	70.30 (34.81 / 35.49)	5	162.87 (86.84 / 76.03)
	8	Tomoki Hiwatashi	230.80	6	81.31 (43.13 / 38.18)	9	149.49 (75.10 / 75.39) -1.00
	9	Daniel Martynov	227.05	8	77.53 (40.02 / 37.51)	8	149.52 (77.26 / 73.26) -1.00
	10	Goku Endo	222.17	7	80.11 (42.70 / 37.41)	10	142.06 (71.86 / 74.20) -4.00
Women	1	Amber Glenn	210.46	2	74.98 (39.68 / 35.30)	2	135.48 (65.28 / 70.20)
	2	Josephine Lee	204.13	5	65.28 (35.74 / 29.54)	1	138.85 (74.59 / 64.26)
	3	Isabeau Levito	200.68	1	75.38 (39.96 / 35.42)	4	125.30 (62.08 / 67.22) -4.00
	4	Sarah Everhardt	193.37	6	63.21 (36.10 / 27.11)	3	130.16 (72.17 / 57.99)
	5	Clare Seo	187.56	3	67.41 (37.11 / 30.30)	6	120.15 (60.16 / 59.99)
	6	Starr Andrews	185.49	9	60.35 (30.56 / 29.79) -1.00	5	125.14 (63.69 / 62.45) -1.00
	7	Lindsay Thorngren	180.98	4	65.33 (33.22 / 32.11)	8	115.65 (56.38 / 60.27) -1.00
	8	Mia Kalin	177.81	10	59.71 (32.06 / 27.65)	7	118.10 (65.89 / 53.21) -1.00
	9	Audrey Shin	175.61	7	62.79 (32.06 / 30.73)	10	112.82 (55.57 / 58.25) -1.00
	10	Elyce Lin-Gracey	173.11	11	58.25 (30.33 / 27.92)	9	114.86 (59.50 / 56.36) -1.00
Pairs	1	Ellie Kam / Danny O'Shea	187.76	2	64.57 (34.59 / 30.98) -1.00	2	123.19 (62.71 / 62.48) -2.00
	2	Alisa Efimova / Misha Mitrofanov	186.91	5	60.48 (32.69 / 28.79) -1.00	1	126.43 (65.79 / 60.64)
	3	Valentina Plazas / Maximiliano Fernandez	181.03	4	63.18 (34.90 / 28.28)	4	117.85 (59.57 / 58.28)
	4	Chelsea Liu / Balazs Nagy	178.83	6	60.13 (31.05 / 29.08)	3	118.70 (61.63 / 58.07) -1.00
	5	Katie McBeath / Daniil Parkman	172.81	3	64.21 (35.86 / 28.35)	5	108.60 (53.86 / 56.74) -2.00
	6	Isabelle Martins / Ryan Bedard	165.93	7	58.18 (30.68 / 27.50)	6	107.75 (51.95 / 55.80)
	7	Nica Digerness / Mark Sadusky	157.12	8	55.72 (29.77 / 25.95)	7	101.40 (50.42 / 51.98) -1.00
	8	Ellie Korytek / Timmy Chapman	148.83	9	55.57 (29.39 / 26.18)	8	93.26 (43.12 / 50.14)
	9	Maria Mokhova / Ivan Mokhov	139.82	10	51.51 (26.11 / 25.40)	10	88.31 (44.19 / 47.12) -3.00
	10	Linzy Fitzpatrick / Keyton Bearinger	132.67	11	43.26 (21.07 / 22.19)）	9	89.41 (44.83 / 45.58) -1.00
Dance	1	Madison Chock / Evan Bates	215.92	1	92.17 (53.45 / 38.72)	2	123.75 (67.31 / 56.44)
	2	Christina Carreira / Anthony Ponomarenko	210.04	2	83.19 (47.95 / 35.24)	1	126.85 (71.57 / 55.28)
	3	Emily Bratti / Ian Somerville	196.94	4	78.14 (44.60 / 33.54)	3	118.80 (67.36 / 51.44)
	4	Caroline Green / Michael Parsons	193.83	3	80.91 (46.14 / 34.77)	4	112.92 (61.36 / 51.56)
	5	Eva Pate / Logan Bye	184.75	7	73.81 (41.74 / 32.07)	5	110.94 (62.92 / 48.02)
	6	Emilea Zingas / Vadym Kolesnik	181.70	5	77.59 (44.62 / 32.97)	8	104.11 (56.09 / 48.02)
	7	Isabella Flores / Ivan Desyatov	179.67	9	69.38 (39.27 / 30.11)	6	110.29 (63.07 / 47.22)
	8	Oona Brown / Gage Brown	179.43	6	76.44 (43.70 / 32.74)	9	102.99 (55.93 / 47.06)
	9	Katarina Wolfkostin / Dimitry Tsarevski	178.05	8	70.40 (40.32 / 30.08)	7	107.65 (61.23 / 46.42)
	10	Angela Ling / Caleb Wein	166.72	10	66.13 (37.91 / 28.22)	10	100.59 (58.09 / 42.50)

Rostelecom Russian Nationals 2024

ロシア選手権 Dec.21-24, 2023　ロシア・チェリャビンスク

	Pl.	Name	Points		SP / RD		FS / FD
Men	1	Evgeni SEMENENKO	294.75	2	101.19 (54.48 / 46.71)	2	193.56 (100.82 / 93.74) -1.00
	2	Vladislav DIKIDZHI	293.74	1	102.70 (59.23 / 43.47)	3	191.04 (103.30 / 87.74)
	3	Petr GUMENNIK	292.42	4	91.84 (47.98 / 44.86) -1.00	1	200.58 (107.23 / 93.35)
	4	Dmitri ALIEV	285.57	3	99.20 (52.38 / 46.82)	4	186.37 (92.56 / 93.81)
	5	Daniil SAMSONOV	265.63	8	86.97 (45.15 / 42.82) -1.00	5	178.66 (91.22 / 87.44)
	6	Makar IGNATOV	265.34	5	89.73 (48.14 / 42.59) -1.00	6	175.61 (89.04 / 86.57)
	7	Roman SAVOSIN	255.48	6	88.19 (45.35 / 43.84) -1.00	10	167.29 (78.22 / 89.07)
	8	Semion SOLOVIOV	255.28	7	87.56 (47.25 / 40.31)	8	167.72 (86.31 / 82.41) -1.00
	9	Ilya YABLOKOV	249.51	9	83.99 (43.06 / 41.93) -1.00	12	165.52 (83.67 / 83.85) -2.00
	10	Mark KONDRATIUK	249.08	11	80.97 (38.37 / 43.60) -1.00	7	168.11 (82.30 / 86.81) -1.00
Women	1	Adeliia PETROSIAN	246.53	2	79.06 (42.29 / 36.77)	1	167.47 (94.01 / 74.46) -1.00
	2	Sofia MURAVIEVA	239.40	3	78.33 (42.86 / 36.47) -1.00	2	161.07 (86.50 / 74.57)
	3	Kamila VALIEVA	237.99	1	81.85 (43.15 / 38.70)	3	156.14 (81.14 / 76.00) -1.00
	4	Kseniia SINITSYNA	223.81	4	75.21 (40.44 / 34.77)	5	148.60 (76.50 / 72.10)
	5	Anna FROLOVA	219.47	6	73.52 (38.15 / 35.37)	6	145.95 (73.75 / 72.20)
	6	Veronika IAMETOVA	216.01	5	73.86 (39.56 / 34.30)	8	142.15 (72.80 / 69.35)
	7	Alina GORBACHEVA	214.87	7	72.09 (38.99 / 34.10) -1.00	7	142.78 (74.21 / 68.57)
	8	Daria SADKOVA	214.65	14	64.22 (32.87 / 31.35)	4	150.43 (86.02 / 65.41) -1.00
	9	Maria AGAEVA	203.60	10	68.06 (37.79 / 30.27)	10	135.54 (72.98 / 62.56)
	10	Ksenia GUSHCHINA	203.30	12	66.88 (36.49 / 31.39) -1.00	9	136.42 (71.76 / 64.66)
Pairs	1	Anastasia MISHINA / Aleksandr GALLIAMOV	244.85	1	83.01 (44.58 / 38.43)	1	161.84 (84.23 / 77.61)
	2	Aleksandra BOIKOVA / Dmitrii KOZLOVSKII	236.32	2	78.95 (41.42 / 37.53)	2	157.37 (81.54 / 75.83)
	3	Ekaterina CHIKMAREVA / Matvei IANCHENKOV	227.97	3	76.42 (41.04 / 35.38)	3	151.55 (78.69 / 72.86)
	4	Natalia KHABIBULLINA / Ilya KNYAZHUK	215.69	6	73.82 (39.57 / 34.25)	4	141.87 (72.23 / 69.64)
	5	Iuliia ARTEMEVA / Aleksei BRIUKHANOV	212.23	4	75.85 (41.42 / 34.43)	6	136.38 (67.73 / 68.65)
	6	Anastasia MUKHORTOVA / Dmitry EVGENYEV	205.87	7	72.77 (38.72 / 34.05)	7	133.10 (65.86 / 67.24)
	7	Iasmina KADYROVA / Valerii KOLESOV	203.23	8	71.47 (37.41 / 34.06)	8	131.76 (65.15 / 67.61) -1.00
	8	Elizaveta OSOKINA / Artyom GRITSAENKO	202.91	5	75.68 (41.11 / 34.57)	9	127.23 (66.18 / 67.05) -6.00
	9	Alena KOSTORNAIA / Georgy KUNITSA	200.15	9	63.74 (31.95 / 32.79) -1.00	5	136.41 (69.85 / 66.56)
	10	Mayya SHEGAI / Igor SHAMSHUROV	169.15	10	62.38 (32.51 / 29.87)	10	106.77 (48.44 / 59.33) -1.00
Dance	1	Alexandra STEPANOVA / Ivan BUKIN	217.72	1	86.90 (49.08 / 37.82)	1	130.82 (72.98 / 57.84)
	2	Elizaveta KHUDAIBERDIEVA / Egor BAZIN	204.90	2	83.29 (46.82 / 36.47)	3	121.61 (66.67 / 54.94)
	3	Irina KHAVRONINA / Devid NARYZHNYY	198.90	5	75.93 (41.26 / 34.67)	2	122.97 (68.97 / 54.00)
	4	Elizaveta SHANAEVA / Pavel DROZD	196.26	4	76.79 (43.01 / 33.78)	4	119.47 (67.39 / 52.08)
	5	Sofia LEONTEVA / Daniil GORELKIN	193.87	3	77.45 (43.67 / 33.78)	5	116.42 (64.14 / 52.28)
	6	Ekaterina MIRONOVA / Evgeny USTENKO	187.43	6	73.78 (41.29 / 32.49)	6	113.65 (64.57 / 50.08) -1.00
	7	Sofya TYUTYUNINA / Matvey GRACHYOV	183.60	7	72.28 (41.21 / 31.07)	7	111.32 (62.60 / 48.72)
	8	Varvara ZHDANOVA / Timur BABAEV-SMIRNOV	180.92	9	72.13 (41.10 / 31.03)	8	108.79 (62.23 / 47.56) -1.00
	9	Aleksandra PROKOPETS / Alexandr VASKOVICH	175.70	12	69.84 (39.67 / 30.17)	9	105.86 (60.50 / 45.36)
	10	Sofiia KACHUSHKINA / Mark VOLKOV	175.50	8	72.21 (40.52 / 31.69)	10	103.29 (55.79 / 47.50)

＊上位10位までを掲載

NEXT ISSUE

No.102 11月下旬発売予定

ISU GRAND PRIX 2024-2025

2024-2025シーズン グランプリ開幕

＊内容は変更になる場合があります

アダム・シャオイムファ（写真は2024年世界選手権EX）©Yazuka Wada

WORLD FIGURE SKA

ワールド・フィギュアスケ

2024年5月25日発行

発行所：株式会社 新書館
編集：〒113-0024
東京都文京区西片 2-19-18
TEL 03-3811-2851
FAX 03-3811-2501
営業：〒174-0043
東京都板橋区坂下 1-22-14
TEL 03-5970-3840
FAX 03-5970-3847
表紙・本文レイアウト：
SDR（新書館デザイン室）
協力：CIC
ユニバーサルスポーツマーケティング
IMG
Feeling Mathieu Caron
スポーツビズ
ホリプロ
早稲田大学スケート部
全国中学校スケート大会長野市実行
委員会事務局
日本スケート連盟
Chinese Taipei Skating Union
Skate Canada
IOC
ISU

印刷・製本：株式会社 加藤文明社
©2024 SHINSHOKAN Printed in Japan

World Figure Skating
Shinshokan Co., Ltd
2-19-18, Nishikata, Bunkyo-ku, Tokyo
113-0024 Japan
https://www.shinshokan.co.jp

■ 編集室から

　パンデミックによる中止から4年、3月にモントリオールで世界選手権が開催され、宇野昌磨選手、坂本花織選手、鍵山優真選手、三浦璃来選手＆木原龍一選手をはじめ、日本選手たちが躍動しました。第2の故郷カナダで表彰台に乗ったりくりゅう。迫力の競技写真からほっこりするプライベートショットまで、お2人の魅力がぎっしりつまった初のオフィシャルブック『RikuRyu! フォトブック』がこのほど発売されました。結成から2人を見守ってきたブルーノ先生の言葉も、この奇跡のペアの魅力を教えてくださいます。　　　　　　　　　　　（W）

X ワールド・フィギュアスケート編集部のX（旧Twitter）はこちら➡ @WFS_JP
https://x.com/WFS_JP

WFSのWEBメディアです。注目のスケーターをはじめ、さまざまな情報をお届けします！

FIGURE SKATING Web
https://worldfigureskating-web.jp/

WFS-Webへはこちらから

BACK ISSUES

A4判／No.96〜98 定価2,100円（税込）、No.99 定価2,200円（税込）、No.100 定価2,400円（税込）

No.100
創刊100号記念号 羽生結弦インタビュー

巻頭は羽生結弦スペシャル・インタビュー。表紙ギャラリー。四大陸、GPファイナル、NHK杯、全日本、全日本ジュニアをレポート。インタビューにマリニン、ブリッチギー、リショー、シン・ジア。表紙／羽生結弦

No.99
山本草太、GP初優勝 「ワンピース・オン・アイス」

GPシリーズの中国杯まで現地速報。羽生結弦「RE_PRAY」も掲載。インタビューは鍵山優真、三浦佳生、住吉りをん、シャオイムファ、P・チャン、マリニナ。対談＝田中刑事×中井和哉ほか。表紙／宇野昌磨

No.98
三浦＆木原、宇野、坂本 世界選手権で3種目制覇

三浦＆木原がペア初優勝、宇野と坂本が2連覇した、さいたま世界選手権を巻頭特集。四大陸、世界ジュニアも掲載。村元哉中＆高橋大輔、友野一希らのインタビューも。表紙／三浦璃来＆木原龍一

No.97
三原、宇野、三浦＆木原 GPファイナル初優勝

全日本選手権を筆頭に、日本が3種目制覇したグランプリファイナル、NHK杯などグランプリシリーズ後半戦をレポート。坂本花織、三原舞依、三浦＆木原組、三浦佳生の独占インタビューも掲載。表紙／宇野昌磨

〈お問い合せ・ご注文〉新書館・営業部　電話03（5970）3840　https://www.shinshokan.co.jp　＊本誌77ページのFAX注文用紙でもご購入いただけます。